Autor _ Noam Chomsky

Título _ Notas sobre o anarquismo

Copyright _ Hedra 2011

Tradução© _ Felipe Corrêa, Bruna Mantese, Rodrigo Rosa, Pablo Ortellado

Organização _ Felipe Corrêa, Bruna Mantese, Rodrigo Rosa, Pablo Ortellado Arthur Dantas, Ruy F. Cavalheiro

Agradecimento _ A todos envolvidos na organização e na primeira edição do livro.

Dados _

Dados Internacionais de Catalogação na Publicação (CIP)

C473 Chomsky, Noam (1928–)

Notas sobre o anarquismo. / Noam Chomsky. Tradução de Felipe Corrêa, Bruna Mantese, Rodrigo Rosa e Pablo Ortellado. Organização de Felipe Corrêa, Bruna Mantese, Rodrigo Rosa, Pablo Ortellado, Arthur Dantas e Ruy Fernando Cavalheiro. Introdução de Alexandre Samis. – São Paulo: Hedra, 2011. 180 p.

ISBN 978-85-7715-210-0

1. Movimento Político. 2. Sistema Político. 3. Anarquismo. 4. Sindicalismo 5. Marxismo. 6. Reforma. 7. Revolução. 8. Socialismo. I. Título. II. Corrêa, Felipe, Tradutor. III. Mantese, Bruna, Tradutora. IV. Rosa, Rodrigo, Tradutor. V. Ortellado, Pablo, Tradutor. VI. Corrêa, Felipe, Organizador. VII. Rosa, Rodrigo, Organizador. VIII. Mantese, Bruna, Organizadora. IX. Ortellado, Pablo, Organizador. X. Dantas, Arthur, Organizador. XI. Cavalheiro, Ruy Fernando, Organizador.

CDU 329.285
CDD 320.57

Elaborado por Wanda Lucia Schmidt CRB-8-1922

EDITORA HEDRA LTDA.

Endereço _ R. Fradique Coutinho, 1139 (subsolo) 05416-011 São Paulo SP Brasil

Telefone/Fax _ +55 11 3097 8304

E-mail _ editora@hedra.com.br

Site _ www.hedra.com.br

Foi feito o depósito legal.

Autor _ Noam Chomsky
Título _ Notas sobre o anarquismo
Tradução _ Felipe Corrêa, Bruna Mantese, Rodrigo Rosa e Pablo Ortellado
Introdução _ Alexandre Samis
São Paulo _ 2011

hedra

Noam Chomsky (Filadélfia, 1928 –) é analista político e professor de Linguística no Massachussetts Institute of Technology (MIT). Além do trabalho na área de Linguística, Chomsky é reconhecido internacionalmente como um dos maiores intelectuais vivos da esquerda, tendo publicado centenas de artigos e livros que abordam temas como mídia, movimentos sociais, política e economia global. Muito cedo, já aos dez anos de idade, escreveu um texto sobre a Revolução Espanhola, que lhe abriu as portas para um contato mais aproximado com o anarquismo, o qual, já nos anos seguintes, o influenciaria significativamente, fazendo com que se assumisse um socialista libertário. Iniciou seus estudos em Linguística e Filosofia em 1945 na Universidade da Pensilvânia e chegou a viver algum tempo em um *kibbutz*, em 1953. Nos anos 1950, iniciou o desenvolvimento de sua teoria sobre a "gramática gerativa", a qual teve um profundo impacto no campo dos estudos linguísticos, fundamentalmente por meio da obra *Estruturas sintáticas* (Edições 70, 1980), de 1957. Ele também formulou a chamada "Hierarquia de Chomsky", uma classificação das linguagens formais a partir de seu poder gerativo. Ingressando no MIT em 1955, tornou-se professor titular em 1961, posição que ocupa até os dias de hoje. Adquiriu grande importância e notoriedade a partir da década de 1960 com o artigo "A responsabilidade dos intelectuais", publicado em 1969 no livro *O poder americano e os novos mandarins* (Record, 2006) — uma compilação de artigos críticos à política externa dos Estados Unidos, particularmente levada a cabo na Guerra do Vietnã —, que destaca Chomsky entre os intelectuais dissidentes da esquerda norte-americana. Escreveu, também, sobre o papel propagandista da mídia, publicando, com Edward S. Herman, em 1988, *Manufacturing Consent* [A manipulação do público: política e poder econômico no uso da mídia] (Futura, 2003). Ainda que constantemente ameaçado de morte por razão de seus escritos políticos, Chomsky segue escrevendo e publicando permanentemente no mundo todo. Dentre seus livros publicados no Brasil, estão: *11 de setembro* (Bertrand Brasil, 2003), *Contendo a democracia* (Record, 2003), *O império americano* (Campus, 2004), *Para entender o poder* (Bertrand Brasil, 2005), *O lucro ou as pessoas* (Bertrand Brasil, 2006), *O governo do futuro* (Record, 2007) e *Razões de Estado* (Record, 2008).

Notas sobre o anarquismo é a maior compilação de Noam Chomsky já publicada sobre o assunto. Contando com oito entrevistas e dois artigos, o livro expõe pontos de vista acerca das bases ideológicas que fundamentam sua análise e sua proposta estratégica de transformação social. Partindo de clássicos como Mikhail Bakunin, Piotr Kropotkin e Rudolf Rocker, Chomsky defende suas posições sobre o anarquismo, que teria forjado as bases fundamentais do socialismo libertário, e afirma uma concepção significativamente eclética e antidogmática, cuja filiação ideológica seria proveniente de uma união entre o socialismo e o liberalismo. O socialismo, forjado na liberdade, concilia seus aspectos individuais e coletivos, e qualquer opressão, qualquer autoridade, quando ilegítima, deve ser denunciada e combatida. Chomsky acredita que esse é o princípio fundamental do anarquismo: luta e combate às estruturas autoritárias de poder, que são responsáveis pela dominação em todos os níveis. Por isso, critica severamente o socialismo de Estado, levado a cabo pelo marxismo de inspiração leninista, que restringiu severamente os espaços de liberdade, reforçando instituições como o Estado e os partidos. Discutindo estratégias de lutas populares – as quais, segundo acredita, devem conciliar as lutas por reformas, e portanto de curto prazo, com a busca de um horizonte revolucionário de longo prazo –, Chomsky sustenta posições pragmáticas de ganhos em relação às empresas e ao Estado. Ainda assim, para ele, o Estado precisaria ser algumas vezes reforçado, visando impedir "tiranias ainda piores", estabelecidas pelos poderes privados das corporações capitalistas.

Alexandre Samis é doutor em História pela Universidade Federal Fluminense (UFF) e professor do Colégio Pedro II. É autor dos livros *Clevelândia: anarquismo, sindicalismo e repressão política no Brasil*, (Imaginário/Achiamé, 2002) e *Minha pátria é o mundo inteiro: Neno Vasco, o anarquismo e o sindicalismo revolucionário em dois mundos*, (Letra Livre, 2009).

SUMÁRIO

INTRODUÇÃO

> "Estes fatos [sobre o 11 de setembro] foram totalmente removidos da História, a ponto de precisarmos chamar por eles, aos berros, de cima dos telhados."
>
> Noam Chomsky

"A responsabilidade do escritor como um agente moral é tentar apresentar a verdade sobre assuntos de significância humana para um público que pode fazer alguma coisa a respeito. Isso é parte do que significa ser um agente moral em vez de um monstro." Assim define Noam Chomsky a inclinação ética do intelectual em qualquer circunstância histórica. Nascido na Filadélfia, no ano de 1928, em berço israelita, aquele que seria considerado o "mais importante intelectual vivo", já nos anos 1970, pela mídia que tanto mereceu suas ácidas críticas, Chomsky desempenha hoje um papel de certo ecumenismo frente às esquerdas. Dono de uma retórica pontuada por invejável erudição, como polemista ganhou mais notoriedade fora que dentro de seu país natal. Incansável demolidor do mito democrático americano, chegou mesmo a afirmar, valendo-se para isso de uma imagem típica do cotidiano *yankee*, que "a violência é tão americana quanto a torta de maçã", endossando a metáfora de Dewey.

Nos anos 1960, o intelectual engajado seria alçado à imortalidade no campo da linguística, com a publicação de seu estudo *Aspectos da teoria da sintaxe*, que se popularizou através da definição do conceito da "gramática gerativa". Como professor do respeitadíssimo e conservador Massachusetts Institute of Technology (MIT), polemizou com alguns dos seus "pares" acadêmicos, instituindo no MIT um verdadeiro enclave libertário, para onde passaram a convergir muitas das preocupações do governo americano.

Entretanto, o pensamento político de Chomsky, que se inscreve, como afirma, na tradição dos anarquistas dos EUA, busca aplicar à atividade militante princípios bastante objetivos. Um método "cartesiano" é proposto por ele para analisar o capitalismo, e, como um "companheiro de viagem" do anarquismo, entende que as fronteiras entre o campo inimigo, o do capitalismo, e o da liberdade devem ficar muito bem demarcadas. Assim, a vertente chomskyana pretende definir claramente as regras e os inimigos prioritários da humanidade, pois, "ao brigarmos contra todos deixamos que vençam os piores". É no contexto da luta, e por ser parte indispensável dela, que a simplicidade dos postulados evidencia a natureza contra a qual os revolucionários devem mobilizar suas energias. As forças da transformação necessitariam, para a obtenção de seus propósitos, algo mais que apenas o sentimento comum de indignação e revolta. Não bastam para Chomsky apenas espíritos exaltados e uma crítica geral do poder. É necessário entender muito bem contra quem se intenta uma investida e em que direção deve-se desferir o primeiro golpe. Nesse particular, ele coloca-se, em muitos aspectos, em oposição a teorias defendidas por pós-estruturalistas na linha de Foucault, Deleuze, Barthes e outros.

Como prolongamento do referido, ao entender a necessidade de se "encontrar e contar a verdade", sua estratégia determina para os intelectuais o ponto em que estes devem estar para travar a fundamental batalha contra o capitalismo. Ancorado no princípio defendido por Bertrand Russel de "concepção humanista", Chomsky, a exemplo daquele, acredita na necessidade da criação de condições reais para o surgimento de "cidadãos inteligentes numa comunidade livre", na qual "a liberdade e a criatividade individual florescerão e os trabalhadores serão senhores de seus destinos e não instrumentos de produção". Nesse aspecto, aproxima-se não apenas dos anarcossindicalistas clássicos, como também de marxistas heterodoxos como Pannekoek, Paul Mattick e outros. Preocupa-se, sobremaneira, com a organização dos anarquistas e, apesar de reconhecer neles uma congênita pluralidade, não abre mão da perspectiva dentro da qual sem preparo não há revolução minimamente consequente.

Assim sendo, ao referir-se à Revolução Espanhola (1936–1939), assunto aliás que o sensibilizou ainda nos bancos escolares — seu primeiro artigo político teria sido sobre a queda de Barcelona —, ele o faz afirmando que as vitórias da revolução anarquista na Espanha de forma alguma se deveram ao apostolado isolado ou à espontaneidade das massas, mas à preocupação, que havia há muitas décadas, naquele país, com a educação e a organização, ambas fundamentadas nos esforços de militantes determinados. Chomsky atribui peso significativo à vontade dos homens na construção da sociedade baseada no controle dos trabalhadores, na associação livre e na organização federal.

De forma alguma a defesa intransigente que ele faz da liberdade pode ser entendida apenas pela matriz, enunciada por ele mesmo, encontrada no Iluminismo. Muito do que postula já poderia ser encontrado no pensamento clássico; questões fundamentais ressaltadas no conjunto de sua obra remetem-nos a tempos ainda mais recuados. A natureza de suas preocupações com a "razão" e, inclusive, com os discursos de poder, é tão antiga quanto a própria civilização ocidental. Já na Grécia Clássica, segundo J. P. Vernant:

> O "*kratos*" [poder] não podia ser controlado por apenas um dos membros da cidade, ou se instauraria a tirania. Ele se situa no centro do espaço cívico, como uma espécie de "pote comum", compartilhado — mais uma vez a "*philia*" — por meio do debate.

Quando Chomsky denuncia o "consenso fabricado" pela mídia americana, ainda nos primórdios da constituição do país, impedindo qualquer pensamento independente, está afirmando que os liberais americanos conduzem seus projetos de classe alijando a "maioria silenciosa" das decisões importantes. A impossibilidade do acesso de parte expressiva da sociedade ao "pote comum", alegoria proposta por Vernant, determinaria o estabelecimento da "tirania", não apenas de um sobre os demais, mas de uma classe que se faz passar por "povo".

Ao atacar a mídia americana, ele o faz em favor, mais uma vez, de sua estratégia. Define e aponta concretamente campos claros para o combate, cliva linhas divisórias entre os lados da contenda. Seu "cartesianismo", que a seu modo só possui sentido se for para resultados práticos — a saber: a derrota do inimigo cerceador das liberdades e o tirano —, é posto a serviço de uma causa que deve ser cada vez mais perceptível e realçada pelas críticas que desfere sem tréguas contra o governo. Fustigando o seu antagonista, a pregação de Chomsky assume duplo resultado: um mais imediato, a identificação do opressor, e outro, um pouco mais lento, a preparação pedagógica dos milhares de insurgentes em potencial, ainda anônimos, em meio ao oceano de rostos que compõem a sociedade moderna.

Assim, não é de todo surpreendente que um intelectual como Chomsky declare-se, no campo libertário, como adepto do anarcossindicalismo, apesar de ter sido esta uma corrente histórica várias vezes sepultada, ao menos em retórica, por gerações mais contemporâneas. Ele entende que, por ter servido para dar uma visibilidade nunca antes alcançada pelos anarquistas no plano social, foi também sob a égide do sindicalismo que os anarquistas conseguiram mais didaticamente consolidar seu pacto com a luta de classes. Não sem dificuldades, os anarquistas, após o declínio desta corrente, representada tanto pelo anarcossindicalismo como pelo sindicalismo revolucionário, tentaram retornar à expressão que possuíram por ocasião de sua vigência.

Além disso, apesar de sua posição em favor da causa da liberdade e de sua aversão ao marxismo-leninismo, o qual considera um "totalitarismo" abominável, para ele, o campo da luta de classes é estratégico para a percepção que precisam ter os combatentes de seu oponente, o capitalismo. Com efeito, sua aproximação do anarcossindicalismo e das ideias de Rudolf Rocker, um importante teórico desta corrente, está em perfeita coerência com aquilo que defende no plano filosófico. O seu "cartesianismo", também nesse aspecto, demonstra ser parte de um todo muito bem articulado no universo de suas ideias.

Após a exposição de todas estas questões, pode-se discutir um ponto bastante polêmico na defesa que faz Chomsky, principalmente no âmbito tático, da sua, se assim podemos chamar, teoria da revolução. Segundo ele, houve uma separação operada historicamente entre o liberalismo e o Estado capitalista, que tornou a sobrevivência do primeiro, de posse de suas características originais, impossível com a ascensão do segundo. Assim, o crescimento da feição capitalista do novo modelo corporativo estatal inviabilizaria a expressão de iniciativas independentes e tendentes à autonomização de grupos nos novos Estados nacionais. Entretanto, segundo Chomsky:

> Essas ideias sobreviveram (ou foram reinventadas) de várias maneiras na cultura de resistência às novas formas de opressão, servindo como um projeto inspirador para as lutas populares que expandiram consideravelmente o alcance da liberdade, da justiça e dos direitos.

Isso já explicaria a presença do anarquismo e outras correntes "libertadoras" na sociedade.

Seria justo supor, então, que todo anarquista deveria lutar em favor do desmantelamento do Estado, tendo em vista que este é o resultado de corporações encasteladas em seu interior e testemunha concreta do assassínio de diversas tentativas de se estabelecer a liberdade como regra geral na sociedade. Na opinião de Chomsky, esta é uma verdade, mas não uma tática adequada:

> Minha meta de curto prazo é defender, e até reforçar, elementos da autoridade do Estado que, embora sejam ilegítimos em seus fundamentos, são decisivamente necessários neste momento para impedir os esforços de

ataque aos progressos que foram conseguidos em benefício da democracia e dos direitos humanos.

Para ele, no atual estágio do sistema capitalista, as corporações entendem que o Estado representa um entrave à consolidação de suas "utopias dos senhores", com enorme prejuízo, caso o Estado venha a ficar ainda mais fraco, para uma imensa maioria.

O Estado, ainda na perspectiva de Chomsky, embora garanta em grande medida direitos formais, assimetricamente obedecidos de acordo com classes sociais e diferentes países, representa uma possibilidade de refúgio para muitos setores sociais desprotegidos. Tal proposição, por sua estrutura e sentido de proteção contra ataques dos "ferozes capitalistas", a "tirania privada", recebeu o epíteto de "Teoria da jaula". Para Chomsky, servindo-se dessa analogia, trata-se de ampliar ao máximo o interior dessa jaula para a proteção de frações cada vez maiores de cidadãos, ainda expostos a condições terríveis de vida.

Mesmo conhecendo o avanço de postulados como os do "Estado mínimo", de R. Nozick, e o prestígio da Escola de Chicago, nos EUA, a teoria proposta por Chomsky nos meios libertários é recebida com enorme perplexidade e desconfiança. A despeito de sua popularidade e reconhecimento internacional, no interior do assim chamado "movimento anarquista", tal heterodoxia ainda não foi suficientemente discutida.

Apesar de seu recente diálogo com expressões partidárias da "esquerda" brasileira e de outros países latino-americanos, Chomsky reserva os mais severos juízos para as experiências do marxismo nos últimos dois séculos. Iniciando pelo próprio Marx, a quem considera "um militante bastante autoritário e um crítico do capitalismo, que tinha pouco a dizer sobre alternativas socialistas", apartando-o da vertente filosófica da qual entende ter vindo o anarquismo, ele estende as críticas aos modelos inspirados no bolchevismo. Segundo o linguista, Lenin teria sido um dos maiores inimigos do socialismo; seu preconceito contra os trabalhadores e as acusações que desfere contra estes, afirmando sua incapacidade de superar o economicismo de suas reivindicações, são, para ele, um escárnio diante da História.

As criticas a Marx e ao bolchevismo aparecem sempre associadas às denúncias feitas pelo russo Mikhail Bakunin, ainda no contexto da Primeira Internacional (AIT), no século XIX, quando alertou para o perigo de uma "burocracia vermelha", caso as teorias revolucionárias de seu oponente fossem obedecidas e tomadas como orientação por toda a AIT. A ideia de uma "ditadura do proletariado" e da formação de uma elite revolucionária, sob forma de partido, pareciam um liberticídio aos olhos de Bakunin. Para Chomsky, muito antes das ditaduras bolchevistas, o anarquista eslavo, como profeta involuntário, fazia previsões só verificadas no século seguinte.

Nesta altura não fica difícil perceber que a leitura que Chomsky faz do anarquismo, e sua inclinação pela ênfase que este dá à liberdade, é elemento constitutivo e fundamental na escolha de suas estratégias. Sempre imprimindo o máximo de clareza às suas posições, ele afirma: "Creio que o anarquismo só tem sentido ao buscar e identificar estruturas de autoridade, hierarquia e dominação em todos aspectos da vida, e questioná-las; e a não ser que se justifiquem, estas estruturas são ilegítimas e devem ser desmanteladas, visando a extensão da liberdade humana." Com serenidade, por meio de um argumento cristalino, ele sugere a direção dos esforços e o eixo de luta para os revolucionários contemporâneos.

A vida de Chomsky e seu contato com o anarquismo, entretanto, parecem indicar uma fenda na lógica militante tão bem montada e defendida ao longo de décadas de militância. Foi, segundo ele mesmo, nos primeiros anos de sua vida que começou a pensar como libertário, não vendo até hoje motivos "para modificar aquelas antigas atitudes". Todo o seu "cartesianismo", certamente ausente naqueles recuados anos de escola secundária, pode ser assim entendido como um anteparo posterior às suas inclinações, algo rudimentares, da juventude. Sua paixão revolucionária, dessa forma, precedeu o sofisticado arsenal de erudição e a "razão", tão brilhantemente operada no cerne de seu discurso. Em comum com outros anarquistas — dando razão a David Hume, filósofo, aliás, incluído no campo de suas preferências, quando afirma que a "razão é escrava das paixões" —, as escolhas esposadas por Avram Noam Chomsky não possuem, nas suas origens, o mesmo nexo do seu "cartesianismo" militante. Como uma metáfora ou ontologia do homem ocidental, em aparente assimetria, podemos perceber também nele a convivência da dualidade Apolo/Dionísio; o primeiro, determinando a forma e a lógica política, e o segundo, a presença pura e simples do desejo de revolução.

NOTAS SOBRE O ANARQUISMO

NOTAS SOBRE O ANARQUISMO†

Um escritor francês, simpatizante do anarquismo, escreveu na década de 1890 que "o anarquismo tem costas largas, e, como o papel, aceita qualquer coisa" — e também mencionou aqueles anarquistas cujas ações são tais que "um inimigo mortal do anarquismo não poderia fazer melhor".[1] Existem muitos tipos de pensamento e ação que são considerados "anarquistas". Seria desanimador tentar abranger todas essas conflituosas tendências em alguma teoria ou ideologia geral. E, mesmo se formos sintetizar a existência da história do pensamento libertário, envolvendo sua tradição, como Daniel Guérin faz em *Anarquismo*,[2] fica difícil expor suas doutrinas com precisão, como uma teoria específica e determinada da sociedade e da transformação social. O historiador anarquista Rudolf Rocker, que apresenta uma concepção sistemática do desenvolvimento do pensamento anarquista rumo ao anarcossindicalismo, por linhas que levam à similaridade com o trabalho de Guérin, coloca bem o problema quando escreve que o anarquismo não é

> um sistema social fixo e fechado, mas uma tendência definida no desenvolvimento histórico humano, que, em contraste com a tutela intelectual de todas as instituições governamentais e clericais, luta para o livre desenvolvimento, sem qualquer bloqueio, de todas as forças individuais e sociais da vida. Mesmo a liberdade é apenas um conceito relativo, não absoluto, visto que ela tende, constantemente, a tornar-se mais ampla e afetar círculos mais extensos, das mais variadas maneiras. Para o anarquista, a liberdade não é um conceito abstrato e filosófico, mas a possibilidade concreta essencial

† Escrito originalmente em 1970, publicado na *New York Review of Books* e, posteriormente, ampliado e utilizado como prefácio do livro *Anarchism: From Theory to Practice* [Anarquismo: da teoria à prática], de Daniel Guérin, publicado pela Monthly Review Press. Depois disso, foi incluído no livro *Razões de Estado* do próprio autor, publicado pela editora New Press em 1973 e, no Brasil, pela editora Record, em 2008. [N. do E.]

1 Octave Mirbeau. Apud James Joll. *The Anarchists*, pp. 145–146.

2 O livro de Daniel Guérin *L'Anarchisme: de la doctrine a l'action* foi publicado originalmente em 1965 pela editora francesa Gallimard. A editora Monthly Review Press publicou o livro nos EUA em 1970, quando foi incluído o texto de Chomsky como prefácio. No Brasil, a editora Germinal publicou uma edição do livro em português em 1968. [N. do E.]

de todo ser humano desenvolver completamente todas as faculdades, as capacidades e as habilidades com as quais a natureza o dotou, e convertê-las em valor social. Quanto menos esse desenvolvimento natural do homem for influenciado pela proteção política ou eclesiástica, mais eficiente e harmoniosa se tornará a personalidade humana, mais ela se tornará a medida da cultura intelectual da sociedade em que foi desenvolvida.[5]

Pode-se perguntar qual é o valor de se estudar uma "tendência definida no desenvolvimento histórico humano" que não articula uma teoria social detalhada e específica. Aliás, muitos críticos desconsideram o anarquismo por acreditarem que ele é utópico, sem forma, primitivo ou incompatível com as realidades de uma sociedade complexa. No entanto, pode-se argumentar diferentemente; que em todo estágio da história, nossa preocupação deve ser a de desmantelar as formas de autoridade e de opressão, as quais sobrevivem de uma época em que podiam ser justificadas pelas necessidades de segurança, sobrevivência ou desenvolvimento econômico, mas que agora contribuem para — em vez de aliviar — o déficit cultural e material. Neste caso, não existirá doutrina de transformação social fixa para o presente e o futuro, nem mesmo, necessariamente, um conceito imutável e específico dos objetivos para os quais a transformação social deva tender. Certamente, nossa compreensão da natureza do homem ou das possibilidades de modelos sociais viáveis é tão rudimentar, que qualquer doutrina de longo alcance deve ser tratada com grande ceticismo, exatamente da mesma maneira que somos céticos quando ouvimos que "a natureza humana", "as exigências da eficiência" ou "a complexidade da vida moderna" exigem essa ou aquela forma de opressão e regra autocrática.

Contudo, num momento específico, justifica-se plenamente, na medida que nosso entendimento permita, a evolução de uma realização específica dessa tendência definida no desenvolvimento histórico humano, e que seja apropriada para as tarefas do momento. Para Rocker, "o problema de nossa época é libertar o homem da desgraça da exploração econômica e da escravização social e política"; e o método não é conquistar e exercer o poder do Estado, nem reduzir-se ao parlamentarismo, mas "reconstruir a vida econômica das pessoas de baixo pra cima e desenvolvê-la dentro do espírito do socialismo".

Mas apenas os próprios produtores estão preparados para essa tarefa, visto que são os únicos elementos que criam valor na sociedade, a partir da qual um novo futuro pode surgir. Deve ser deles a tarefa de libertar o

[5]Rudolf Rocker. *Anarchosyndicalism*, p. 31.

trabalho de todos os grilhões colocados pela exploração econômica, de libertar a sociedade de todos os processos e instituições do poder político e de abrir caminho para uma aliança de grupos livres, de homens e mulheres, fundamentados no trabalho cooperativo e na gestão planejada das coisas, de acordo com os interesses da comunidade. Preparar as massas trabalhadoras na cidade e no campo para esse grande objetivo e aglutiná-las, constituindo uma força militante, é o objetivo do anarcossindicalismo moderno, e nisso todo seu propósito está depositado.[4]

Como socialista, Rocker tomaria por certo "que a libertação séria, final e completa dos trabalhadores é possível apenas sob uma condição: a da apropriação do capital, ou seja, da matéria-prima e de todos os instrumentos de trabalho, incluindo a terra, por todos os trabalhadores".[5] Como anarcossindicalista, ele insiste, além disso, que as organizações de trabalhadores devem criar "não só as ideias, mas também os fatos do seu próprio futuro" no período pré-revolucionário; que elas personifiquem em si mesmas a estrutura da sociedade futura — e ele espera que uma revolução social desmantele o aparelho de Estado e exproprie os expropriadores. "O que colocamos no lugar do governo é a organização industrial."

Os anarcossindicalistas estão convencidos de que uma ordem econômica socialista não pode ser criada por decretos e estatutos de um governo, mas apenas pela colaboração solidária dos trabalhadores manuais e intelectuais em cada ramo especial da produção; ou seja, por meio da tomada da gestão de todas as fábricas pelos próprios produtores, de forma que os grupos, as fábricas e os ramos da indústria sejam membros independentes do organismo econômico geral e, sistematicamente, realizem a produção e a distribuição dos produtos de acordo com os interesses da comunidade, com base nos acordos mútuos livres.[6]

Rocker escrevia num momento em que tais ideias haviam sido colocadas em prática, de maneira espetacular, na Revolução Espanhola. Pouco antes da eclosão da revolução, o economista anarcossindicalista Diego Abad de Santillán escreveu:

Ao enfrentar o problema da transformação social, a revolução não pode considerar o Estado como um meio, e deve depender, necessariamente, da organização dos produtores.

[4]Ibid., p. 108.

[5]Cf. Rudolf Rocker. Op. cit., p. 77. Essa citação e a outra da próxima frase estão em: Mikhail Bakunin. "The Program of the Alliance". In: Sam Dolgoff (org.). *Bakunin on Anarchy*, p. 255.

[6]Rudolf Rocker. Op. cit., p. 94.

Temos seguido esse modelo e não concordamos com a hipótese de um poder superior ao dos trabalhadores organizados, com a finalidade de estabelecer uma nova ordem das coisas. Agradeceríamos qualquer um que nos apontasse qual função, caso haja, o Estado poderia ter numa organização econômica em que a propriedade privada foi abolida e o parasitismo e o privilégio especial não existem mais. A supressão do Estado não pode ser algo lento; deve ser a tarefa da revolução acabar com o Estado. Ou a revolução dá a riqueza social aos produtores, no caso dos produtores se organizarem para a distribuição coletiva adequada, e, assim, o Estado não terá nada a fazer; ou a revolução não dá a riqueza social aos produtores e, nesse caso, a revolução terá sido uma mentira e o Estado continuará a existir.

Nosso conselho federal de economia não é um poder político, mas um poder regulador administrativo e econômico. Ele recebe sua orientação das bases e opera de acordo com as resoluções das assembleias regionais e nacionais. Ele é um órgão de ligação e nada mais.[7]

Engels, numa carta de 1883, expressou sua divergência com essa concepção da seguinte maneira:

> Os anarquistas colocam as coisas de ponta-cabeça. Declaram que a revolução proletária deve *começar* acabando com a organização política do Estado [...]. Mas destruí-lo, nesse momento, seria destruir o único organismo por meio do qual o vitorioso proletariado pode afirmar seu poder recém-conquistado, conter seus adversários capitalistas e colocar em prática a revolução econômica da sociedade, sem a qual toda a vitória terminará em uma nova derrota e em um massacre massivo dos trabalhadores, similar àqueles acontecidos após a Comuna de Paris.[8]

Em contrapartida, os anarquistas — e, com mais eloquência, Bakunin — advertiram sobre os perigos da "burocracia vermelha",

[7]Diego Abad de Santillán. *After the Revolution*, p. 86. No último capítulo, escrito alguns meses depois da revolução ter começado, ele expressa sua insatisfação com o que foi realizado ao longo dessas linhas. Sobre as conclusões da revolução social na Espanha, cf. meu *O poder americano e os novos mandarins*, cap. 1, e as referências lá citadas — o importante estudo feito por Broué e Témime foi traduzido para o inglês. Alguns outros importantes estudos apareceram desde então, em particular: Frank Mintz. *L'Autogestion dans l'Espagne révolutionnaire*. Paris: Editions Bélibaste, 1971; César M. Lorenzo. *Les anarchistes espagnols et le pouvoir, 1868-1969*. Paris: Editions du Seuil, 1969; Gaston Leval. *Espagne libertaire, 1936-1939: L'oeuvre constructive de la Révolution Espagnole*. Paris: Editions du Cercle, 1971. Cf. também a edição ampliada de 1972 de: Vernon Richards. *Lessons of the Spanish Revolution*.

[8]Apud Robert C. Tucker. *The Marxian Revolutionary Idea* (na discussão sobre marxismo e anarquismo).

que provaria ser "a mentira mais vil e terrível que nosso século criou".[9] O anarcossindicalista Fernand Pelloutier perguntou:

Mesmo o Estado transitório, ao qual temos de nos submeter, deve necessária e fatalmente ser uma prisão coletiva? Ele não pode consistir numa organização livre, limitada exclusivamente pelas necessidades de produção e consumo, tendo todas as instituições políticas desaparecido?[10]

Não tenho a pretensão de saber as respostas para essa questão. Mas parece claro que a menos que exista, de alguma forma, uma resposta positiva, as chances para uma revolução verdadeiramente democrática, que realizará os ideais humanistas da esquerda, não são grandes. Martin Buber colocou o problema sucintamente quando escreveu: "Ninguém pode esperar, pela natureza das coisas, que uma pequena árvore, que foi transformada em um porrete, produza folhas."[11] A questão da conquista ou da destruição do poder do Estado era o que Bakunin considerava ser o ponto fundamental que o separava de Marx.[12] De uma forma ou outra, o problema surgiu repetidamente durante o século XX, separando os socialistas "autoritários" dos "libertários".

Apesar das advertências de Bakunin sobre a burocracia vermelha e de sua concretização sob a ditadura de Stalin, seria obviamente

[9]Bakunin, numa carta para Herzen e Ogarev de 1866. Apud Daniel Guérin. *Jeunesse du socialisme libertaire*, p. 119.

[10]Fernand Pelloutier. "L'Anarchisme et les syndicats ouvriers". In: *Les temps nouveaux*, 1895. O texto completo aparece em: Daniel Guérin. *Ni Dieu, ni Maître*, uma excelente antologia histórica do anarquismo.

[11]Martin Buber. *Paths in Utopia*, p. 127.

[12]"Nenhum Estado, por mais democráticas que sejam as suas formas", escreveu Bakunin, "nem mesmo a república política mais vermelha, popular apenas no sentido desta mentira conhecida sob o nome de representação do povo, está em condições de dar a este o que ele precisa, isto é, a livre organização de seus próprios interesses, de baixo para cima, sem nenhuma ingerência, tutela ou coerção de cima, porque todo Estado, mesmo o mais republicano e mais democrático, mesmo pseudo-popular como o Estado imaginado pelo Sr. Marx, não é outra coisa, em sua essência, senão o governo das massas de cima para baixo, com uma minoria intelectual, e por isto mesmo privilegiada, dizendo compreender melhor os verdadeiros interesses do povo, mais do que o próprio povo." "O povo, contudo, não terá a vida mais fácil quando o porrete que o espancar se chamar popular." Mikhail Bakunin. "Statism and Anarchy", 1873. In: Sam Dolgoff. *Bakunin on Anarchy*, p. 338 — sendo, neste caso, o "porrete" a República democrática.

Marx, é claro, via o problema diferentemente.

Para a discussão sobre o impacto da Comuna de Paris nessa disputa, ver os comentários de Daniel Guérin em *Ni Dieu, ni Maître*; esses também aparecem, um pouco mais ampliados, em seu *Pour un marxisme libertaire*.

um grande erro, na interpretação dos debates de um século atrás, apoiar-se nas reivindicações dos movimentos sociais contemporâneos a respeito de suas origens históricas. Particularmente, é perverso considerar o bolchevismo como "o marxismo na prática". A crítica da esquerda ao bolchevismo, levando em conta as circunstâncias históricas da Revolução Russa, é muito mais pertinente.[13]

O movimento operário de esquerda e antibolchevique opôs-se aos leninistas por eles não irem longe o bastante na exploração das revoltas russas para fins estritamente proletários. Eles tornaram-se prisioneiros de seu próprio ambiente e utilizaram o movimento radical internacional para satisfazer necessidades especificamente russas, que logo se tornaram sinônimos das necessidades do Partido-Estado bolchevique. Os aspectos "burgueses" da Revolução Russa foram descobertos no próprio bolchevismo: o leninismo foi condenado por ser parte da social-democracia internacional, diferindo desta apenas nas questões táticas.[14]

Se tivéssemos de escolher a principal ideia na tradição anarquista, ela seria, a meu ver, aquela que foi colocada por Bakunin quando, escrevendo sobre a Comuna de Paris, identificou-se da seguinte maneira:

Sou um amante fanático da liberdade, considerando-a a única condição sob a qual a inteligência, a dignidade e a felicidade humana podem se desenvolver e crescer; não a liberdade formal, puramente concedida, proporcionada e regulada pelo Estado, uma mentira eterna que, na realidade, nada mais representa do que o privilégio de alguns fundado na escravidão dos demais; não a liberdade fictícia, desgastada, egoísta e individualista exaltada pela escola de J.-J. Rousseau e outras escolas do liberalismo burguês, que consideram os desejados direitos de todos os homens, representados pelo Estado, o qual limita os direitos de cada um — uma ideia que conduz inevitavelmente à redução dos direitos de cada um a zero. Não; eu quero dizer o único tipo de liberdade que é digno do nome, a liberdade que consiste no completo desenvolvimento de todas as faculdades morais, intelectuais e materiais que estão latentes em cada pessoa; liberdade que não reconhece outras restrições além daquelas determinadas pelas leis de nossa própria natureza individual, que não podem ser consideradas propriamente restrições, visto que essas leis não são impostas por algum legislador que está de fora, próximo ou acima de nós, mas são intrínsecas e inerentes, formando a base real de nossa

[13]Sobre o "desvio intelectual" de Lenin para a esquerda em 1917, cf.: Robert Vincent Daniels. "The State and Revolution: a Case Study in the Genesis and Transformation of Communist Ideology". In: *American Slavic and East European Review*, vol. 12, nº 1, 1953.

[14]Paul Mattick. *Marx and Keynes*, p. 295.

existência moral, intelectual e material — elas não nos limitam, mas são as condições imediatas e reais de nossa liberdade.[15]

Essas ideias vieram do Iluminismo; suas origens estão no *Discurso sobre a desigualdade* de Rousseau, em *Os limites da ação do Estado* de Humboldt, na insistência de Kant, em sua defesa da Revolução Francesa, de que a liberdade é o pré-requisito para se alcançar a maturidade para a liberdade, não um presente a ser dado quando certa maturidade é alcançada. Com o desenvolvimento desse novo e inesperado sistema de injustiça, o capitalismo industrial, foi o socialismo libertário que preservou e ampliou a mensagem humanista radical do Iluminismo e os ideais clássicos liberais, que acabaram deturpados numa ideologia para sustentar a ordem social emergente. Na verdade, pelos mesmos pressupostos que levaram o liberalismo clássico a se opor à intervenção do Estado na vida social, as relações sociais capitalistas também são intoleráveis. Isso fica claro, por exemplo, na obra clássica de Humboldt, *Os limites da ação do Estado*, que antecipou John Stuart Mill e talvez o tenha inspirado. Esse clássico do pensamento liberal, concluído em 1792, é, em sua essência, profundamente, ainda que prematuramente, anticapitalista. Suas ideias devem ser entendidas para além do fato de terem sido convertidas numa ideologia do capitalismo industrial.

A visão de Humboldt de uma sociedade na qual os grilhões sociais são substituídos por laços sociais e o trabalho é livremente empreendido, é sugerida pelo jovem Marx, com sua discussão da "alienação do trabalho, quando o trabalho é externo ao trabalhador [...] [e] não faz parte de sua natureza [...]. [Quando o trabalhador] não se realiza em seu trabalho, ele nega a si mesmo [...], [é] fisicamente consumido e mentalmente degradado", uma alienação que "lança alguns trabalhadores de volta a um tipo bárbaro de trabalho e transforma outros em máquinas", privando, dessa forma, o homem de suas "características próprias da espécie", da "atividade consciente livre" e da "vida produtiva". Similarmente, Marx concebe "um novo tipo de ser humano que *precisa* de seus semelhantes [...]. [A associação dos trabalhadores torna-se] o esforço construtivo real para

[15]Mikhail Bakunin. "La Commune de Paris et la notion de l'État". Reimpresso em: Daniel Guérin. *Ni Dieu, ni Maître*. A observação final de Bakunin sobre as leis da natureza do indivíduo como condição da liberdade pode ser comparada ao pensamento criativo, desenvolvido pelas tradições românticas e racionalistas. Cf. os meus livros: *Linguística cartesiana* e *Linguagem e mente*.

criar a estrutura social de futuras relações humanas".[16] É verdade que o pensamento clássico liberal opõe-se à intervenção do Estado na vida social, como consequência de profundos pressupostos sobre a necessidade humana de liberdade, de diversidade e de livre associação. Com base nestas mesmas hipóteses, as relações capitalistas de produção, o trabalho assalariado, a competitividade, a ideologia do "individualismo possessivo" — tudo isso deve ser considerado essencialmente anti-humano. O socialismo libertário deve ser considerado, propriamente, como um herdeiro dos ideais liberais do Iluminismo.

Rudolf Rocker descreve o anarquismo moderno como "a confluência das duas grandes correntes que, antes e durante a Revolução Francesa, encontraram certa expressão característica na vida intelectual da Europa: o socialismo e o liberalismo". Os ideais liberais clássicos, argumenta ele, foram destruídos pelas realidades dos modelos econômicos capitalistas. O anarquismo é necessariamente anticapitalista, na medida em que se "opõe à exploração do homem pelo homem". Mas o anarquismo também se opõe à "dominação do homem sobre o homem". Ele insiste ainda que "*o socialismo será livre ou ele nunca será*. No reconhecimento disso, sustenta-se a justificativa profunda e genuína para a existência do anarquismo."[17] Desse ponto de vista, o anarquismo deve ser considerado como a tendência libertária do socialismo. É nesse espírito que Daniel Guérin abordou seus estudos do anarquismo em *Anarquismo* e outros trabalhos.[18] Guérin cita Adolph Fischer, o qual afirma que "todo anarquista é um socialista, mas nem todo socialista é necessariamente um anarquista". De maneira semelhante, Bakunin, em seu "manifesto anarquista" de 1865, o programa de sua fraternidade revolucionária internacional, colocou o princípio de que cada membro deveria ser, para nela ingressar, um socialista.

Um anarquista coerente deve se opor à propriedade privada dos meios de produção e à escravidão salarial, que é um componente desse sistema, considerando-as incompatíveis com o princípio de

[16]Shlomo Avineri. *The Social and Political Thought of Karl Marx*, p. 142, referindo-se aos comentários de *A sagrada família*. Avineri explica que dentro do movimento socialista só o *kibbutz* israelense "percebeu que os modos e as formas da organização social atual determinarão a estrutura da sociedade futura". Isso, todavia, foi uma posição característica do anarcossindicalismo, conforme mencionado anteriormente.

[17]Rudolf Rocker. Op. cit., p. 28.

[18]Cf. as obras de Guérin citadas anteriormente.

que o trabalho deve ser livremente empreendido e estar sob o controle dos produtores. Como disse Marx, os socialistas querem uma sociedade em que o trabalho irá "se tornar não apenas um meio de vida, mas também o desejo supremo da vida",[19] o que se revela uma impossibilidade quando o trabalhador é dirigido por uma autoridade externa ou uma necessidade, e não por um impulso interior: "Nenhuma estrutura de trabalho assalariado, mesmo aquelas que podem ser menos detestáveis que outras, pode acabar com a miséria do trabalho assalariado".[20] Um anarquista coerente deve se opor não somente ao trabalho alienado, mas também à espantosa especialização do trabalho, que ocorre quando os meios para se desenvolver a produção

> mutilam o trabalhador, transformando-o num fragmento de ser humano, degradam-no, fazendo com que se torne um mero apêndice da máquina, fazem de seu trabalho tamanho tormento, que seu significado essencial é destruído; alienam dele as potencialidades intelectuais do processo de trabalho na própria proporção da medida em que a ciência é nele incorporada como um poder independente.[21]

Marx não via isso como um concomitante inevitável da industrialização, mas como uma característica das relações capitalistas de produção. A sociedade do futuro deve preocupar-se em "substituir o trabalhador de hoje, que faz somente parte do trabalho [...], e está reduzido a um mero fragmento de homem, pelo indivíduo completamente desenvolvido, adaptado a vários trabalhos [...], para o qual as diferentes funções sociais [...] são apenas muitas maneiras de expandir suas próprias faculdades naturais".[22] O pré-requisito é a abolição do capital e do trabalho assalariado como categorias sociais (sem falar dos exércitos industriais do "Estado operário" ou das várias formas modernas de totalitarismo que existem desde o nascimento do capitalismo). A redução do homem a um apêndice da máquina,

[19]Karl Marx. *Crítica do Programa de Gotha.*

[20]Karl Marx. "Grundrisse der Kritik der Politischen Ökonomie". Apud Paul Mattick. *Marx and Keynes*, p. 306. Com relação a isso, cf. também os ensaios: Paul Mattick. "Workers' Control". In: Priscilla Long (org.). *The New Left*; Shlomo Avineri. Op. cit.

[21]Karl Marx, *O capital*, citado por Robert Tucker que, corretamente, enfatiza que Marx vê o revolucionário mais como um "produtor frustrado" do que como um "consumidor insatisfeito" (*The Marxian Revolutionary Idea*). Essa crítica mais radical das relações de produção capitalistas é uma consequência direta do pensamento libertário do Iluminismo.

[22]Karl Marx. *O capital*. Apud Shlomo Avineri. Op. cit., p. 83.

uma ferramenta especializada de produção, pode, em princípio, ser superada, em vez de ser acentuada, com o desenvolvimento próprio e o uso da tecnologia, mas não sob as condições do controle autocrático da produção por aqueles que fazem do homem um instrumento para servir a seus fins, deixando de lado seus propósitos individuais, para utilizar a frase de Humboldt.

Os anarcossindicalistas procuraram, mesmo sob o capitalismo, criar "livres associações de livres produtores" que se engajassem na luta militante e se preparassem para assumir o controle da organização da produção democraticamente. Essas associações serviriam como "uma escola prática do anarquismo".[23] Se a propriedade privada dos meios de produção for, como na frase de Proudhon que é frequentemente citada, meramente uma forma de "roubo" — "a exploração dos fracos pelos fortes"[24] —, o controle da produção por uma burocracia de Estado, independente de quão benevolentes sejam suas intenções, também não cria as condições em que o trabalho, manual e intelectual, pode tornar-se o desejo mais elevado na vida. Ambos, portanto, devem ser superados.

Em seu ataque ao direito de controle burocrático ou privado dos meios de produção, o anarquista posiciona-se a favor daqueles que lutam para realizar "a terceira e última fase emancipatória da história"; a primeira, fazendo dos escravos, servos; a segunda, tendo feito dos servos, assalariados; e a terceira, que abole o proletariado num ato final de libertação, colocando o controle da economia nas mãos das associações livres e voluntárias de produtores.[25] O perigo iminente para a "civilização" foi mencionado por Tocqueville, também em 1848:

Enquanto o direito de propriedade era a origem e o princípio fundamental de muitos outros direitos, era fácil defendê-lo — ou melhor, ele não era atacado. Depois, ele foi a fortaleza da sociedade enquanto todos os outros direitos davam-lhe força e não suportava o ímpeto do ataque, ainda que, de fato, não tenha havido um esforço sério para atacá-lo. Mas hoje, quando o direito de propriedade é considerado o último remanescente ainda não destruído do mundo aristocrático, quando apenas ele é "deixado de pé", como único privilégio numa sociedade igualitária, o problema é diferente. Consideremos o que está acontecendo nos corações das classes

[23]Fernand Pelloutier. *L'Anarchisme*.

[24]P.-J. Proudhon. *O que é a propriedade?* A frase "a propriedade é um roubo" desagradou Marx, que viu em seu uso um problema lógico, já que falar em roubo pressupunha a existência legítima da propriedade. Cf. Shlomo Avineri. Op. cit.

[25]Fourier, 1848. Apud Martin Buber. *Paths in Utopia*, p. 19.

trabalhadoras, embora eu admita que elas estejam calmas no momento. É verdade que elas estão menos exaltadas do que antigamente, por paixões políticas propriamente ditas; mas você não vê que suas paixões, longe de serem políticas, tornaram-se sociais? Não vê que, pouco a pouco, as ideias e as opiniões estão se espalhando entre elas, que almejam, não apenas a eliminação dessas ou daquelas leis, desse ministro ou daquele governo, mas o rompimento com os princípios fundamentais da sociedade?[26]

Os trabalhadores de Paris, em 1871, quebraram o silêncio e instauraram um processo

para abolir a propriedade, o princípio de toda a civilização! Sim, cavalheiros, a Comuna pretendia acabar com aquela propriedade de classe que faz do trabalho de muitos a riqueza de poucos. Ela tinha a intenção de expropriar os expropriadores. Queria fazer da propriedade individual uma verdade, pela transformação dos meios de produção, da terra e do capital, hoje meios de escravização e de exploração do trabalho, em meros instrumentos do trabalho livre e associado.[27]

A Comuna, é claro, foi afogada em sangue. A natureza da "civilização", que os trabalhadores de Paris procuraram superar em seu ataque aos "princípios fundamentais da sociedade", foi revelada, mais uma vez, quando as tropas do governo de Versalhes recuperaram Paris de seu povo. Como escreveu Marx, amarga, porém corretamente:

A civilização e a justiça da ordem burguesa aparecem em todo seu sinistro esplendor onde quer que os escravos e os párias dessa ordem ousem rebelar-se contra seus senhores. Em tais momentos, essa civilização e essa justiça mostram o que são: selvageria sem máscara e vingança sem lei [...]. As façanhas infernais da soldadesca refletem o espírito inato dessa civilização da qual é ela o braço vingador e mercenário [...]. A burguesia do mundo inteiro, que assiste com complacência a essa matança em massa depois da luta, treme de horror ante a profanação do ladrilho e do tijolo.[28]

Apesar da violenta destruição da Comuna, Bakunin escreveu que Paris abria uma nova era, "aquela da definitiva e completa emancipação das massas populares e sua futura e legítima solidariedade, através e apesar dos limites do Estado [...]; a próxima revolução do

[26]Apud J. Hampden Jackson. *Proudhon and European Socialism*, p. 60.

[27]Karl Marx. *The Civil War in France*, p. 24. Avineri observa que esse e outros comentários de Marx sobre a Comuna referem-se objetivamente a intenções e planos. Como Marx deixou claro em outros escritos, sua avaliação ponderada era mais crítica do que nesse discurso.

[28]Ibid., pp. 74,77.

homem, internacional em solidariedade, será a ressurreição de Paris" — uma revolução pela qual o mundo ainda espera.

O anarquista coerente, portanto, deve ser um socialista, mas um socialista de um tipo particular. Ele não se oporá somente ao trabalho alienado e especializado e buscará a apropriação do capital por todo o corpo de trabalhadores, mas irá também insistir para que essa apropriação seja direta, não exercida por alguma força da elite agindo em nome do proletariado. Ele irá, em síntese, se opor

> à organização da produção pelo governo. Isso significa socialismo de Estado, o comando dos oficiais do Estado em relação à produção e o comando dos gestores, cientistas, oficiais nas fábricas [...]. O objetivo da classe trabalhadora é libertar-se da exploração. Esse objetivo não é atingido e não pode ser atingido quando uma nova classe de gestores e governantes substitui a burguesia. Ele é realizado apenas quando os próprios trabalhadores tomam o controle da produção.

Essas observações foram retiradas de *Cinco teses sobre a luta de classes*, do marxista de esquerda Anton Pannekoek, um dos notáveis teóricos da esquerda do movimento comunista conselhista. E, de fato, o marxismo radical chegou a fundir-se com correntes anarquistas.

Como outra ilustração, consideremos a seguinte caracterização de "socialismo revolucionário":

> O socialista revolucionário nega que a propriedade estatal possa acabar em algo diferente de um despotismo burocrático. Temos visto por que o Estado não pode controlar democraticamente a indústria. A indústria somente pode ser democrática e controlada pelos trabalhadores quando ela elege comissões administrativas industriais diretamente de suas próprias fileiras. O socialismo será fundamentalmente um sistema industrial; seus elementos serão de caráter industrial. Neste caso, aqueles que exercem as atividades sociais e industriais da sociedade serão diretamente representados nos conselhos locais e centrais da administração social. Desse modo, os poderes desses delegados irão, de baixo para cima, partir daqueles que realizam o trabalho e que estão familiarizados com as necessidades da comunidade. Quando a comissão industrial administrativa central se encontrar, ela representará todos os aspectos da atividade social. Consequentemente, o Estado politicamente capitalista ou geográfico será substituído pela comissão administrativa industrial do socialismo. A transição de um sistema social para o outro é a revolução social. O Estado político, durante toda a história, significou o governo dos homens pelas classes dominantes; a República do Socialismo será o governo da indústria, administrada em favor de toda a comunidade. O primeiro significou a sujeição política e econômica de mui-

tos; o segundo significará a liberdade econômica de todos — será, portanto, uma verdadeira democracia.

Essa declaração programática aparece no livro *O Estado, suas origens e funções*, de Willian Paul, escrito em 1917 — um pouco antes de *O Estado e a revolução* de Lenin, provavelmente sua obra mais libertária. Paul era membro do Partido Operário Socialista Marxista-Deleonista e, mais tarde, foi um dos fundadores do Partido Comunista Britânico.[29] Sua crítica ao socialismo de Estado assemelha-se à doutrina libertária dos anarquistas, por sustentar o princípio de que a propriedade e a gestão do Estado levariam ao despotismo burocrático e que a revolução social deveria substituí-las pela organização industrial da sociedade, com o controle direto dos trabalhadores. Muitas declarações semelhantes poderiam ser citadas.

Muito mais importante é que essas ideias foram colocadas em prática em ações revolucionárias espontâneas, como na Alemanha e na Itália depois da Primeira Guerra Mundial e também na Espanha (não apenas no interior agrícola, mas também na Barcelona industrial), em 1936. Pode-se dizer que alguma forma de comunismo de conselhos seja a forma natural do socialismo revolucionário numa sociedade industrial. Ele reflete a compreensão intuitiva de que a democracia é seriamente limitada quando o sistema industrial é controlado por alguma forma de elite autocrática, seja ela de proprietários, gestores e tecnocratas, um partido de "vanguarda" ou uma burocracia de Estado. Sob essas condições de dominação autoritária, os ideais clássicos libertários, desenvolvidos por Marx e Bakunin, e todos os verdadeiros ideais revolucionários, não podem ser realizados; o homem não será livre para desenvolver na plenitude suas próprias potencialidades e o produtor continuará "um fragmento de ser humano" degradado, uma ferramenta no processo produtivo dirigido de cima para baixo.

A expressão "ações revolucionárias espontâneas" pode ser enganosa. Os anarcossindicalistas, pelo menos, tomaram muito seriamente a observação de Bakunin de que as organizações de trabalhadores deveriam criar "não somente as ideias, mas também os fatos do próprio futuro" durante o período pré-revolucionário. As realizações da revolução popular na Espanha, em particular, foram baseadas no esforço paciente de muitos anos de organização e educação, componentes de uma longa tradição de compromisso e militância. As

[29]Para informações adicionais, cf.: Walter Kendall. *The Revolutionary Movement in Britain*.

resoluções do Congresso de Madri, de junho de 1931, e do Congresso de Zaragoza, de maio de 1936, prenunciaram, de muitas maneiras, as ações da revolução, assim como algumas ideias esboçadas por Santillán em seu relato bastante específico da organização econômica e social a ser instituída pela revolução. Guérin diz que "a revolução espanhola estava relativamente madura nas mentes dos pensadores libertários, assim como na consciência popular". E existiam organizações de trabalhadores com a estrutura, a experiência e o entendimento para empreender a tarefa de reconstrução social quando, com o golpe de Franco, o turbilhão dos primeiros meses de 1936 explodiu na revolução social. Em sua introdução para uma coletânea de documentos sobre a coletivização na Espanha, o anarquista Augustin Souchy escreveu:

> Por muitos anos, os anarquistas e sindicalistas da Espanha consideraram sua principal tarefa a transformação social da sociedade. Nas assembleias de seus sindicatos e grupos, em seus periódicos, suas brochuras e seus livros, o problema da revolução social era discutido incessantemente e de forma sistemática.[30]

Tudo isso está por trás das realizações espontâneas, do trabalho construtivo da Revolução Espanhola.

As ideias do socialismo libertário, no sentido descrito, submergiram nas sociedades industriais do último meio século. As ideologias dominantes foram as do socialismo de Estado ou do capitalismo de Estado (de caráter cada vez mais militarizado nos Estados Unidos, por razões claras).[31] Mas vem havendo um ressurgimento de interesse nos últimos anos. As teses que citei de Anton Pannekoek foram retiradas de um panfleto recente de um grupo radical de trabalhadores franceses — Informations et Correspondance Ouvrière.

As observações de William Paul sobre o socialismo revolucionário são citadas num panfleto de Walter Kendall, distribuído na Conferência Nacional sobre o Controle Operário em Sheffield, Inglaterra, de março de 1969. O movimento pelo controle operário tornou-se uma força significativa na Inglaterra nos últimos anos. Organizou várias conferências e produziu uma literatura panfletária substancial, e conta, entre seus membros ativos, com representantes

[30] Augustin Souchy. *Collectivisations: L'Oeuvre constructive de la Révolution Espagnole*, p. 8.

[31] Para essa discussão, cf.: Paul Mattick. *Marx and Keynes*; Michael Kidron. *Western Capitalism Since the War*. Cf. também a discussão e as referências citadas em meu *At War With Asia*, cap. 1, pp. 23–26.

de alguns dos mais importantes sindicatos. O Sindicato Associado de Trabalhadores da Engenharia e da Fundição, por exemplo, adotou, como política oficial, o programa de nacionalização das indústrias básicas sob "controle operário em todos os níveis".[32] Na Europa continental há desenvolvimentos similares. Maio de 1968, naturalmente, acelerou o crescente interesse pelo comunismo conselhista e pelas ideias afins, na França, na Alemanha e também na Inglaterra.

Dado o aspecto conservador de nossa sociedade altamente ideológica, não é surpreendente que os Estados Unidos tenham ficado relativamente imunes a esses desenvolvimentos. Mas isso também pode mudar. O desgaste da mitologia da Guerra Fria pelo menos torna possível levantar essas questões em círculos relativamente amplos. Se a presente onda de repressão puder ser contida, se a esquerda puder superar suas tendências mais suicidas e basear-se no que tem sido realizado na última década, o problema de como organizar a sociedade industrial em linhas verdadeiramente democráticas, com controle democrático nos locais de trabalho e na comunidade, deve tornar-se uma questão intelectual dominante para aqueles que são sensíveis aos problemas da sociedade contemporânea, e, à medida que um movimento de massas que lute pelo socialismo libertário for se desenvolvendo, as especulações devem passar à ação.

Em seu manifesto de 1865, Bakunin previu que um elemento na revolução social seria "aquela excelente e inteligente parte da juventude que, apesar de pertencer, pelo nascimento, às classes privilegiadas, em suas generosas convicções e em suas ardentes aspirações adota a causa do povo". Talvez seja possível ver, na origem do movimento estudantil da década de 1960, passos em direção à realização dessa previsão.

Daniel Guérin dedicou-se ao que ele chamou de um "processo de reabilitação" do anarquismo. Ele argumenta, convincentemente acredito eu, que "as ideias construtivas do anarquismo conservam sua vitalidade, que elas podem, quando revistas e analisadas cuidadosamente, ajudar o pensamento socialista contemporâneo a tentar um novo começo [...] [e] contribuir para enriquecer o marxismo".[33] Das "costas largas" do anarquismo, ele selecionou, para uma análise

[32]Cf.: Hugh Scanlon. *The Way Forward for Workers' Control*. Scanlon é presidente do AEF, um dos maiores sindicatos britânicos. O instituto foi fundado como resultado da sexta Conferência sobre o controle operário, de março de 1968, e serve como um centro de divulgação de informação e incentivo à pesquisa.

[33]Daniel Guérin. "Introdução". In: *Ni Dieu, ni Maître*.

mais detida, ideias e ações que podem ser chamadas de socialistas libertárias. Isso é natural e correto. Essa tendência conta com os maiores porta-vozes do anarquismo, e também com as ações de massas que foram inspiradas por ideais e sentimentos anarquistas. Guérin está interessado não apenas no pensamento anarquista, mas também nas ações espontâneas das lutas revolucionárias populares. Ele está interessado tanto na criatividade social quanto na intelectual. Além disso, ele busca apreender, a partir das realizações construtivas do passado, as lições que enriquecerão a teoria da libertação social. Para aqueles que não desejam apenas entender o mundo, mas também transformá-lo, essa é a maneira adequada de estudar a história do anarquismo.

Guérin descreve o anarquismo do século XIX como sendo essencialmente doutrinal, enquanto o século XX, para os anarquistas, foi um momento de "prática revolucionária".[34] *Anarquismo* reflete essa avaliação. Sua interpretação do anarquismo conscientemente aponta para o futuro. Arthur Rosenberg comentou uma vez que as revoluções populares buscam caracteristicamente substituir "uma autoridade centralizada ou feudal que governa pela força" por uma forma de sistema comunitário que "implica a destruição e o desaparecimento da velha forma de Estado". Esse sistema será socialista ou uma "forma extrema de democracia [...], [que é] a condição preliminar para o socialismo, visto que o socialismo só pode ser realizado em um mundo que desfrute da maior extensão possível de liberdade individual". Esse ideal, comenta ele, era comum a Marx e aos anarquistas.[35] Essa luta natural por libertação contraria a tendência predominante da centralização na vida econômica e política.

Há um século, Marx escreveu que os trabalhadores de Paris "sentiram que havia somente uma alternativa — a Comuna, ou o império — sob qualquer nome com o qual ele pudesse reaparecer".

> O império arruinou-os economicamente pela destruição que fez da prosperidade pública, pela fraude financeira indiscriminada na qual se sustentou, pelos apoios que deu para a centralização de capital acelerada artificialmente e a expropriação concomitante de suas próprias fileiras. Ele os reprimiu politicamente, chocou-os moralmente com suas orgias, insultou seu voltairianismo entregando a educação de suas crianças aos *frères ignorantins*, revoltou seu sentimento de nacionalismo francês, jogando-os apressada-

[34] Ibid.

[35] Arthur Rosenberg. *A History of Bolshevism*, p. 88.

mente numa guerra que deixou apenas um equivalente das ruínas que fez — o desaparecimento do império.[36]

O miserável Segundo Império "foi a única forma de governo possível, numa época em que a burguesia já tinha perdido, e a classe trabalhadora ainda não tinha adquirido a capacidade de controlar a nação".

Não é muito difícil reformular novamente essas observações para que elas deem conta dos sistemas imperiais da década de 1970. O problema de "libertar o homem da desgraça da exploração econômica e da escravização social e política" permanece o problema do nosso tempo. Enquanto isso durar, as doutrinas e as práticas revolucionárias do socialismo libertário servirão de inspiração e de guia.

BIBLIOGRAFIA

AVINERI, Shlomo. *The Social and Political Thought of Karl Marx*. Londres: Cambridge University Press, 1968.

BAKUNIN, Michael. *Bakunin on Anarchy*. Editado e traduzido por Sam Dolgoff. Nova York: Alfred A. Knopf, 1972.

BUBER, Martin. *Paths in Utopia*. Boston: Beacon Press, 1958.

CHOMSKY, Noam. *Cartesian Linguistics*. Nova York: Harper & Row, 1966.

______. *American Power and the New Mandarins*. Nova York: Pantheon Books, 1969.

______. *At War With Asia*. Nova York: Pantheon Books, 1970.

DANIELS, Robert Vincent. "The State and Revolution: a Case Study in the Genesis and Transformation of Communist Ideology". In: *American Slavic and East European Review*, vol. 12, nº 1, 1953.

GUÉRIN, Daniel. *Jeunesse du socialisme libertaire*. Paris: Librairie Marcel Rivière, 1959.

______. *Anarchism: From Theory to Practice*. Traduzido por Mary Klopper. Nova York: Monthly Review Press, 1970.

______. *Pour un marxisme libertaire*. Paris: Robert Laffont, 1969.

______. *Ni Dieu, ni Maître*. Lausanne: La Cité Editeur, s.d.

JACKSON, J. Hampden. *Marx, Proudhon and European Socialism*. Nova York: Collier Books, 1962.

JOLL, James. *The Anarchists*. Boston: Little, Brown & Co., 1964.

KENDALL, Walter. *The Revolutionary Movement in Britain 1900–1921*. Londres: Weidenfeld & Nicolson, 1969.

KIDRON, Michael. *Western Capitalism Since the War*. Londres: Weidenfeld & Nicolson, 1968.

[36]Karl Marx. *Civil War in France*, pp. 62–63.

MATTICK, Paul. *Marx and Keynes: The Limits of Mixed Economy*. Extending Horizons Series. Boston: Porter Sargent, 1969.

______. "Workers' Control". In: *The New Left: A Collection of Essays*, editado por Priscilla Long. Boston: Porter Sargent, 1969.

MARX, Karl. *The Civil War in France* (1871). Nova York: International Publishers, 1941.

PELLOUTIER, Fernand. "L'Anarchisme et les syndicats ouvriers". In: *Les temps nouveaux*, 1895. Publicado novamente em *Ni Dieu, ni Maître*, editado por Daniel Guérin. Lausanne: La Cité Editeur, s.d.

RICHARDS, Vernon. *Lessons of the Spanish Revolution* (1936–1939). Edição ampliada, Londres: Freedom Press, 1972.

ROCKER, Rudolf. *Anarchosyndicalism*. Londres: Secker & Warburg, 1938.

ROSENBERG, Arthur. *A History of Bolshevism: from Marx to the First Five Years' Plan*. Traduzido por Ian F. Morrow. Nova York: Russell & Russell, 1965.

SANTILLÁN, Diego Abad de. *After the Revolution*. Nova York: Greenberg Publishers, 1937.

SCANLON, Hugh. *The Way Forward for Workers' Control*. Institute for Workers' Control Pamphlet Series, nº 1, Nottingham, Inglaterra, 1968.

SOUCHY, Augustin. *Collectivisations: L'Oeuvre constructive de la Révolution Espagnole*. Segunda edição, Toulouse: Editions C.N.T., 1965. Primeira edição: Barcelona, 1937.

TUCKER, Robert C. *The Marxian Revolutionary Idea*. Nova York: W. W. Norton & Co., 1969.

Tradução: Felipe Corrêa

A RELEVÂNCIA DO ANARCOSSINDICALISMO†

Professor Chomsky, talvez pudéssemos começar tentando definir o que não quer dizer anarquismo. A palavra anarquia é derivada do grego, e significa literalmente "sem governo". Mas é de se supor que aqueles que falam sobre anarquia ou anarquismo, como um sistema de filosofia política, não querem dizer que, a partir de primeiro de janeiro do próximo ano, o governo, tal como agora o entendemos, deixará subitamente de existir; de modo a não haver mais polícia, regras de trânsito, leis, coletores de impostos, correio etc. Possivelmente, o anarquismo significa algo mais complicado do que isso.

Bem... Sim para algumas dessas questões e não para outras. Aqueles que defendem o anarquismo podem muito bem dizer que não haveria policiais, mas não acredito que diriam que não haveria um código de trânsito. Devo dizer, para começar, que ainda que o termo anarquismo seja utilizado para se referir a uma ampla gama de ideias políticas, eu prefiro pensá-lo como parte da esquerda libertária. Deste ponto de vista, o anarquismo pode ser concebido como um tipo de socialismo voluntário que faz parte — como o socialismo libertário, o anarcossindicalismo ou o anarcocomunismo — da tradição de Bakunin, Kropotkin e outros. Esses anarquistas tinham em mente uma forma de sociedade altamente organizada; no entanto, seria uma sociedade organizada com base nas unidades orgânicas, nas comunidades orgânicas. Em geral, referiam-se ao local de trabalho e à comunidade, e dessas duas unidades básicas poderia derivar, por meio de acordos federais, um tipo de organização social altamente integrada, de alcance nacional e até internacional. E as decisões poderiam ser tomadas em áreas substancialmente amplas por delegados da comunidade orgânica, da qual eles vêm, para a qual retornam e, na qual, de fato, vivem.

† Entrevista editada do programa *The Jay Interview*, transmitido pela London Weekend TV, realizada em julho de 1976 e publicada em 1981 na coletânea de artigos de Chomsky, *Radical Priorities*, editada pela Black Rose Books e reeditada recentemente pela AK Press. [N. do E.]

Portanto, não significa uma sociedade em que não há, literalmente falando, governo, mas uma sociedade em que a principal autoridade emana de baixo para cima e não de cima para baixo. Nesse sentido, a democracia representativa, da forma como ela funciona nos Estados Unidos e na Grã-Bretanha, seria considerada uma forma de autoridade vinda de cima para baixo, ainda que, em última instância, sejam os eleitores que decidem.

A democracia representativa, da maneira como ela funciona nos Estados Unidos e na Grã-Bretanha, seria criticada por um anarquista desta escola por dois motivos. Em primeiro lugar, porque há um monopólio do poder centralizado no Estado, e, em segundo — o que é perigoso —, porque a democracia representativa limita-se à esfera política e não se estende, seriamente, à esfera econômica. Os anarquistas desta tradição sustentam que o controle democrático da vida produtiva de cada um é o centro de toda libertação humana sincera, ou, de qualquer prática democrática significativa. Ou seja, enquanto os indivíduos forem forçados a alugar a si mesmos no mercado, para aqueles que estão dispostos a empregá-los, enquanto seu papel na produção for simplesmente o de instrumentos subservientes, haverá impressionantes elementos de coerção e de opressão, os quais fazem com que a discussão séria da democracia seja muito restrita, e nada significativa.

Historicamente falando, houve algum exemplo sustentável, em tamanho significativo, de sociedades que se aproximaram do ideal anarquista?

Há pequenas sociedades — pequenas em número — que creio terem feito isso muito bem, e há uns poucos exemplos de revoluções libertárias de larga escala que foram, em grande medida, anarquistas em termos estruturais. Quanto às primeiras, pequenas sociedades que se mantiveram por um longo período, creio que o exemplo mais expressivo seja, talvez, os *kibbutzim* israelenses que, por um longo período, foram construídos realmente sob princípios anarquistas, ou seja: autogestão; controle direto dos trabalhadores; integração entre agricultura, indústria e serviço; participação pessoal na autogestão. E eles foram, creio eu, extraordinariamente bem sucedidos, quaisquer que sejam os parâmetros de avaliação.

Mas eles supostamente estavam, e continuam a estar, dentro da estrutura de um Estado convencional que garante certas estabilidades básicas.

Bem, nem sempre estiveram. Na verdade, sua história é muito interessante. Desde 1948, eles estão sob a estrutura de um Estado convencional. Antes disso, estavam dentro da estrutura de enclave colonial e, realmente, havia uma sociedade subterrânea, amplamente cooperativa, que não fazia, de fato, parte do sistema britânico, e funcionava fora dele. E até certo ponto, essa sociedade sobreviveu ao estabelecimento do Estado, ainda que tenha se integrado a ele e, a meu ver, perdido grande parte de seu caráter socialista libertário durante esse processo e outros, que são exclusivos da história daquela região, assunto que não temos necessidade de abordar aqui.

Entretanto, acredito que os *kibbutzim*, como instituições socialistas libertárias em funcionamento, constituem um interessante modelo, altamente relevante para sociedades industriais avançadas, o que não é o caso de outras experiências do passado. Um bom exemplo de uma revolução anarquista — levada a cabo realmente em larga escala e o melhor exemplo que conheço — é a Revolução Espanhola de 1936. Houve, na maior parte da Espanha republicana, uma revolução anarquista muito inspiradora que envolveu tanto a indústria quanto a agricultura, além de outras áreas substanciais, e que se desenvolveu de uma maneira que, olhando de fora, pareceria espontânea. Porém, se você buscar suas origens, descobrirá que ela fundamentou-se em umas três gerações de experimento, pensamento e trabalho, que levaram a ideia anarquista para a maior parte da população daquela sociedade, a qual era, em grande medida, pré-industrial — ainda que não totalmente. E isso foi, tanto pelas capacidades humanas quanto, certamente, pelas medidas econômicas, muito bem sucedido.

A produção continuou efetivamente; os trabalhadores nos campos e nas fábricas provaram ser perfeitamente capazes de gerir seus próprios negócios sem qualquer coerção vinda de cima, ao contrário do que muitos socialistas, comunistas, liberais e outros quiseram acreditar. E, de fato, não seria possível dizer o que aconteceria. Essa revolução anarquista foi destruída pela força mas, durante o período em que esteve viva, creio ter sido muito bem-sucedida e, em muitos aspectos, um testemunho bastante inspirador da capacidade dos trabalhadores pobres de se organizarem e gerirem seus próprios negócios, com muito êxito, sem coerção ou controle. Podemos debater em detalhe a relevância da experiência espanhola para uma sociedade industrial avançada.

Está claro que a ideia fundamental do anarquismo é a primazia do indivíduo — não necessariamente isolado, mas com outros — e a realização de sua liberdade. Isso, em certo sentido, aproxima-se das ideias que deram origem aos Estados Unidos da América. O que aconteceu com a experiência americana, que fez com que a liberdade, utilizada por esta tradição, se tornasse uma expressão suspeita e até decadente para anarquistas e pensadores socialistas libertários como você?

Deixe-me dizer que, na verdade, não me considero um pensador anarquista. Sou um "companheiro de viagem", um derivado, digamos. Os pensadores anarquistas têm se referido constantemente à experiência americana e à ideia jeffersoniana de democracia, em termos bastante favoráveis. Como se sabe, o conceito de Jefferson de que "o melhor governo é aquele que menos governa" ou o complemento de Thoreau neste sentido, de "que o melhor governo é o que não governa de fato", são muito citados pelos pensadores anarquistas contemporâneos.

Entretanto, o ideal da democracia jeffersoniana, sem levarmos em conta seu caráter escravista, desenvolveu-se em um sistema essencialmente pré-capitalista, ou seja, em uma sociedade em que não havia controle monopolista e centros significativos de poder privado. Na realidade, é impressionante voltar no tempo e ler alguns textos libertários clássicos. Se alguém ler, por exemplo, *Os limites da ação do Estado*, de 1792, de Wilhelm von Humboldt, um importante texto libertário clássico que certamente inspirou Mill, pode achar que ele não fala da resistência à concentração do poder privado, mas da necessidade de se resistir à intromissão do poder coercivo do Estado. E isso é o que se encontra também na antiga tradição americana. No entanto, aquele era o único tipo de poder até então. Digo, Humboldt toma por certo que os indivíduos são, de maneira geral, equivalentes em seu poder privado e que o único desequilíbrio real de poder repousa no Estado autoritário centralizado, e a liberdade individual deve ser defendida contra tal intromissão — do Estado ou da Igreja. Ele considera que deve se opor a estas instituições.

Quando ele fala, por exemplo, da necessidade de controle da vida criativa, quando condena a alienação do trabalho que surge da coerção, da instrução ou da direção no trabalho, ele está defendendo uma ideologia antiestatista e antiteocrática. Esses mesmos princípios aplicam-se muito bem à sociedade capitalista industrial que emergiu posteriormente. Tendo a acreditar que, se Humboldt fosse coerente, ele acabaria sendo um socialista libertário.

Estes precedentes não sugerem que há algo inerentemente pré-industrial na aplicabilidade das ideias libertárias — que necessariamente pressupõem uma sociedade mais rural, em que a tecnologia e a produção sejam relativamente simples, e na qual a organização econômica tenda a ser localizada e de pequena escala?

Deixe-me separar isto em duas questões: a primeira, como os anarquistas vêm pensando esse assunto, e a segunda, o que eu penso sobre isso. Há duas posições anarquistas sobre este assunto. Uma tradição — pensando, por exemplo, em Kropotkin como seu representante — tem muito das características que você descreveu. Por outro lado, há uma outra tradição anarquista que se desenvolveu no anarcossindicalismo e que considera as ideias anarquistas as mais adequadas, em termos de organização, para uma sociedade industrial avançada e altamente complexa. E essa tendência do anarquismo funde-se, ou pelo menos se inter-relaciona, muito estreitamente, com uma tendência do marxismo de esquerda, que se encontra nos comunistas conselhistas que cresceram na tradição luxemburguista, posteriormente representada por teóricos marxistas como Anton Pannekoek, o qual desenvolveu toda uma teoria de conselhos operários na indústria, era um cientista e astrônomo e estava, em grande medida, dentro do mundo industrial.

Qual destas duas visões está correta? Quero dizer, é necessário que os conceitos anarquistas pertençam à fase pré-industrial da sociedade humana ou o anarquismo é a maneira racional de organização para uma sociedade industrial altamente avançada? Bem, eu acredito na segunda hipótese. Ou seja, penso que a industrialização e o avanço da tecnologia aumentam as possibilidades para a autogestão em grande escala, algo que simplesmente não existia num período anterior. E esse é precisamente o modo racional para uma sociedade industrial avançada e complexa, na qual os trabalhadores podem, muito bem, tornar-se senhores de seus próprios e imediatos interesses. Isto é, eles podem assumir a direção e o controle da indústria, mas também estar em posição de tomar decisões mais substantivas, no que diz respeito à estrutura econômica, às instituições sociais, ao planejamento regional e mais do que isso.

Na atualidade, as instituições não permitem que os trabalhadores tenham o controle sobre a informação e o treinamento necessários para entender essas questões. Algo muito bom poderia ser feito. Muito do trabalho necessário para manter um nível de vida social decente poderia ser reservado às máquinas — pelo menos em princípio —, o que significa que os humanos poderiam ficar mais livres para empreender trabalhos criativos que podem não terem sido possíveis, objetivamente, nos estágios iniciais da revolução industrial.

Você poderia esboçar, com um pouco mais de detalhes, a constituição política de uma sociedade anarquista? Como você a conceberia nas condições modernas? Haveria partidos políticos, por exemplo? Quais formas residuais de governo permaneceriam?

Deixe-me esboçar o que eu creio ser um certo consenso, e o que acredito estar essencialmente correto. Começando com os dois modos de organização e de controle imediatos, isto é, a organização e o controle no local de trabalho e na comunidade, pode-se imaginar uma rede de conselhos de trabalhadores, e num nível mais alto, uma representação entre as fábricas, entre ramos da indústria ou entre os ofícios, até a assembleia geral dos conselhos de trabalhadores, que podem ser de caráter regional, nacional e internacional. De outro lado, se poderia projetar um sistema de governo que envolvesse assembleias locais — federadas regionalmente, lidando com questões regionais, cruzando ofícios, indústrias, comércios etc., e novamente, no nível da nação ou, além, por meio da federação...

Agora, como exatamente estes sistemas se desenvolveriam, como se inter-relacionariam e se ambos seriam necessários ou apenas um deles... Estes são temas que os teóricos anarquistas vêm debatendo e existem muitas propostas; não me sinto convicto para tomar uma posição. Essas são questões que terão ainda de ser trabalhadas.

Mas não haveria, por exemplo, eleições nacionais diretas e partidos políticos organizados nacionalmente, como acontecia antes. Porque se houvesse, provavelmente isso criaria um tipo de autoridade central que seria inimiga da ideia do anarquismo.

Não, a ideia do anarquismo é que a delegação de autoridade tem de ser mínima e que os representantes, em qualquer um dos níveis de governo, devem responder diretamente para a comunidade orgânica em que vivem. De fato, a situação ideal seria que a participação em um destes níveis de governo fosse temporária e, mesmo durante o período em que estivesse acontecendo, ela deveria consumir somente parte do tempo. Ou seja, os membros de um conselho de trabalhadores que estão, por algum período, encarregados de tomar decisões que outras pessoas não têm tempo de tomar, deveriam continuar a fazer suas tarefas no local de trabalho ou na comunidade aos quais pertence.

Quanto aos partidos políticos, acredito que uma sociedade anarquista não impediria à força a formação de partidos políticos. O anarquismo sempre se baseou na ideia de que qualquer tipo de "leito de Procusto", qualquer sistema de normas que seja imposto à vida social, limitará e subestimará muito sua energia e vitalidade, e que todo tipo de novas possibilidades de organização voluntária podem desenvolver-se ao mais alto nível da cultura intelectual e material. Mas acredito que é justo dizer que à medida que os partidos políticos forem sendo necessários, a organização anarquista da sociedade terá falhado. Ou seja, creio que onde houver participação direta na autogestão, em questões econômicas e sociais, as facções, os conflitos, as diferenças de interesses, ideias e opiniões, devem ser bem-vindos e estimulados, e devem ser expressados em qualquer um destes níveis. Não vejo por que isso deveria reduzir-se a dois ou três partidos políticos. Acredito que a complexidade da vida e dos interesses humanos não se reduz a esse modelo. Partidos representam basicamente interesses de classe e as classes já devem ter sido eliminadas ou transcendidas nesse tipo de sociedade.

Uma última questão sobre organização política. Não há um perigo que esse tipo de camada hierárquica das assembleias e das estruturas quase governamentais, escolhida sem eleições diretas, faça com que o corpo central, ou o corpo que está, de alguma maneira, no topo desta pirâmide, esteja muito distante das pessoas da base? Visto que serão necessários alguns poderes, por exemplo, para se negociar assuntos internacionais e também para se ter controle sobre as forças armadas e coisas do tipo, isso seria menos aceitável democraticamente do que o regime existente?

É uma qualidade muito importante de qualquer sociedade libertária impedir uma evolução em direção ao que você descreve, que é uma possível evolução, e instituições deverão ser criadas para impedir este processo. Penso que isso é completamente possível. Eu mesmo não estou totalmente convencido de que a participação nesse governo deva ser um trabalho de tempo integral. Isso pode acontecer em uma sociedade irracional, em que todo tipo de problemas surge por causa da natureza irracional das instituições. Mas em uma sociedade industrial avançada, propriamente funcional, organizada dentro de linhas libertárias, acredito que a execução das decisões tomadas pelos corpos representativos é um trabalho para dedicarmos somente parte de nosso tempo. Algo que deveria ser rotativo entre os membros da comunidade e, além disso, ser realizado pelas pessoas que, a todo momento, continuam a participar diretamente de suas atividades.

É possível que o governo seja, em si mesmo, uma função igual, digamos, à produção de ferro. Se isso for verdade — e acho que é uma questão de fatos empíricos que devem ser determinados; ela não pode ser projetada para fora da mente —, parece-me uma sugestão natural que o governo deva ser industrialmente organizado, tão simplesmente como um dos ramos da indústria, com seus próprios conselhos de trabalhadores, seu próprio autogoverno e sua própria participação nas assembleias mais amplas.

Devo dizer que nos conselhos de trabalhadores desenvolvidos espontaneamente aqui e ali — por exemplo, na revolução de 1956 na Hungria —, foi exatamente isso que aconteceu. Havia, pelo que me lembro, um conselho de trabalhadores empregados pelo Estado que estava totalmente organizado em linhas industriais, como mais um ramo da indústria. Isso é perfeitamente possível, e deveria ou poderia constituir uma barreira contra a criação desse tipo de burocracia coercitiva e distante, tão temida pelos anarquistas.

Se você supõe que continuaria havendo necessidade de um sistema de autodefesa bastante sofisticado, não vejo pela sua descrição como seria possível ter um controle efetivo deste sistema de conselhos — com os representantes dedicando-se somente parte do tempo, nos vários níveis, de baixo para cima —, de uma organização tão poderosa, necessária e tecnicamente sofisticada como, por exemplo, o Pentágono.

Primeiro devemos ser claros em relação à terminologia. Você se refere ao Pentágono, conforme geralmente se faz, como uma organização de defesa. Em 1947, quando a Lei de Defesa Nacional foi aprovada, seu autor, o Departamento de Guerra — o departamento americano preocupado com a guerra que, até então, era chamado honestamente de Departamento de Guerra — teve seu nome trocado para Departamento de Defesa. Nessa época eu era um estudante não muito sofisticado, mas sabia, e todo mundo sabia, que isto significava que, independente do envolvimento que o exército americano tenha tido no passado com a defesa — e ele parcialmente teve — aquilo havia acabado; desde que foi denominado Departamento de Defesa, estava claro que seria um departamento de ataque, de agressão, e nada mais.

De acordo com o princípio de nunca se acreditar em algo, até que seja negado oficialmente.

Exato. Assim como a suposição de Orwell, que apreendeu essencialmente a natureza do Estado moderno. E esse é exatamente o caso. Ou seja, o Pentágono não é, em qualquer sentido que seja, um departamento de defesa. Ele nunca defendeu os Estados Unidos de ninguém; ele apenas serviu para atacar. Penso que o povo americano estaria muito melhor sem um Pentágono, já que o povo certamente não precisa dele para sua defesa. Sua intervenção em assuntos internacionais nunca foi — bem, você sabe, "nunca" é uma palavra forte, mas acho que seria difícil encontrar um caso —, e certamente não tem sido, sua característica; apoiar a liberdade ou defender as pessoas e assim por diante. Esse não é o papel dessa grande organização militar que é controlada pelo Departamento de Defesa. Suas tarefas são, mais propriamente, duas — ambas completamente antissociais. A primeira é preservar um sistema internacional, no qual os chamados "interesses americanos", os quais significam essencialmente interesses empresariais, possam prosperar. E a segunda é uma tarefa econômica interna. Ou seja, o Pentágono vem sendo o principal mecanismo keynesiano por meio do qual o governo intervém para manter o que é ridiculamente chamado de eficácia da economia, com o estímulo da produção — o que significa produzir gastos.

Essas duas funções servem a certos interesses, na realidade a interesses dominantes, da classe dominante da sociedade americana. Não acredito que elas sirvam aos interesses públicos e penso que o sistema de produção de gastos e de destruição deveria ser necessariamente desmantelado em uma sociedade libertária. Porém, não se deve falar em demasia sobre isso. Se imaginarmos, vamos supor, que uma revolução social fosse levada a cabo nos Estados Unidos — o que está muito longe, devo reconhecer —, seria difícil imaginar que haveria algum grande inimigo externo que pudesse ameaçá-la. Não seríamos atacados pelo México ou por Cuba, por exemplo. Uma revolução americana não exigiria, a meu ver, defesa contra ataques. Por outro lado, se a revolução social libertária acontecesse, digamos, no Leste Europeu, acredito que o problema da defesa seria crucial.

Eu ia dizer que, seguramente, não pode ser inerente à ideia anarquista o fato de não haver autodefesa, porque os experimentos anarquis-

tas, onde quer que tenham ocorrido, de acordo com a história, foram destruídos a partir de fora.

Creio que não se pode dar uma resposta geral a essas questões. Elas têm de ser respondidas especificamente, de acordo com as condições objetivas e historicamente específicas.

Tenho um pouco de dificuldade para acompanhar sua descrição do controle democrático adequado para esse tipo de organização, porque acho um pouco difícil ver os generais controlando a si mesmos, de uma forma que você aprovaria.

É por isso que eu quero chamar a atenção para a complexidade da questão. Depende do país e da sociedade sobre os quais se está falando. Nos Estados Unidos surge um tipo de problema. Se houvesse uma revolução social libertária na Europa, penso que os problemas que você levanta seriam muito sérios, porque haveria um grande problema em relação à defesa. Creio que se o socialismo libertário tivesse sido alcançado no Leste Europeu, em algum nível, haveria uma ameaça militar direta, tanto da União Soviética quanto dos Estados Unidos. E o problema seria como essa ameaça deveria ser combatida. Esta foi a dificuldade enfrentada pela Revolução Espanhola. Houve uma intervenção militar direta dos fascistas, dos comunistas e das democracias liberais nos bastidores. A questão de como é possível defender-se contra um ataque desse nível é muito séria.

Entretanto, creio que devemos nos questionar se os exércitos regulares centralizados, com meios de intimidação de alta tecnologia, são a maneira mais efetiva de levar a cabo essa defesa. E a resposta não é assim tão óbvia. Por exemplo, eu não creio que um exército centralizado da Europa Ocidental poderia, sozinho, deter um ataque russo ou americano que quisesse impedir o socialismo libertário — o tipo de ataque que, francamente, poderia ser esperado em algum nível; talvez não no nível militar, mas ao menos no econômico.

Mas, por outro lado, vários camponeses com pás e forcados também não seriam a melhor maneira...

Não estamos falando de camponeses; estamos falando de uma sociedade altamente sofisticada, urbana e industrial. E parece-me que o melhor método de defesa seria o apelo político à classe trabalhadora dos países que tomassem parte no ataque. Mas, novamente, não quero ser supérfluo; poderiam ser necessários tanques e exércitos. E se preciso fosse, creio que certamente isto contribuiria para o possível fracasso ou pelo menos para o declínio da força revolucionária

— exatamente pelas razões que você mencionou. Isto é, penso ser extremamente difícil imaginar como poderia funcionar um exército centralizado efetivo, preparando tanques, aviões, armas estratégicas etc. para o ataque. Se isto for necessário para preservar as estruturas revolucionárias, creio que elas não devem ser mantidas.

Se a defesa fundamental é o apelo político ou o apelo à organização política e econômica, talvez pudéssemos discuti-las um pouco mais detalhadamente. Você escreveu em um de seus artigos que "numa sociedade decente, todos teriam a oportunidade de encontrar trabalhos interessantes, e seria permitido a cada pessoa a realização mais completa possível de suas habilidades". E, então, você perguntou: "O que mais seria necessário? Uma recompensa em forma de riqueza e poder? Somente se assumirmos que aplicar as habilidades no trabalho interessante e socialmente útil não seja recompensador por si mesmo". Acredito que essa linha de raciocínio é certamente uma das coisas que atrai muitas pessoas. Mas, para mim, ainda precisa ser explicado, por que o tipo de trabalho que as pessoas achariam interessante, atrativo e prazeroso coincidiria, tão proximamente, com o tipo de trabalho que precisaria realmente ser feito, se formos sustentar um padrão de vida exigido pelas pessoas e ao qual elas estão acostumadas.

Há uma certa porção do trabalho que precisaria ser feita apenas se mantivéssemos este padrão de vida. O quão árduo esse trabalho deve ser é uma questão ainda não respondida. Lembremos que a ciência, a tecnologia e o intelecto não têm se dedicado a examinar essa questão ou a superar o caráter árduo e autodestrutivo do trabalho necessário da sociedade. A razão é que sempre se tem assumido que existe um corpo substancial de escravos assalariados que assim permanecerão, simplesmente, porque, de outra maneira, passariam fome. Contudo, se a inteligência humana fosse direcionada para essa questão de como tornar significativo o trabalho necessário da sociedade, não saberíamos qual seria a resposta. Suponho que grande parte dele poderia ser totalmente tolerável. É um erro pensar que mesmo o duro trabalho físico é necessariamente árduo. Muitas pessoas — inclusive eu — o fazem para relaxar. Recentemente, por exemplo, eu decidi que iria plantar 34 árvores numa campina atrás de casa que faz parte da Comissão Estadual de Conservação, o que significa que tive de cavar 34 buracos na terra. Você sabe, para mim, levando em consideração o que eu faço a maior parte do meu tempo, este foi um trabalho muito duro, mas devo admitir que gostei. Eu não teria apreciado se houvesse normas de trabalho, se eu tivesse um supervisor e se eu fosse obrigado a fazer isso em um momento determinado... Por outro lado, se essa é uma tarefa realizada sem o interesse pelo lucro, tudo bem, ela pode ser feita. E isso sem nenhuma tecnologia, sem nenhum projeto de como desenvolver o trabalho etc.

Devo colocar que talvez haja um perigo de que esta visão das coisas seja uma ilusão, uma visão por demais romântica, aceita apenas por uma pequena parcela de pessoas da elite, como professores universitários, jornalistas e pessoas do tipo, que estão numa situação muito privilegiada de serem pagos para fazer aquilo de que gostam.

É por isso que eu coloquei um grande "se". Eu disse que, primeiramente, devemos nos perguntar em que medida o trabalho necessário da sociedade — isto é, o trabalho que é requerido para manter o padrão de vida que queremos — precisa ser árduo e indesejável. Creio que a resposta é: muito menos do que é hoje; todavia, assumamos que há uma parcela deste trabalho que continuará a ser árdua. Bem, neste caso, a resposta é muito simples: esse trabalho deve ser igualmente dividido entre as pessoas capazes de realizá-lo.

Todos passariam alguns meses por ano trabalhando numa linha de produção de automóveis, alguns meses coletando lixo, e...

Considerando que essas sejam tarefas em que as pessoas realmente não encontram autorrealização. Eu não acredito muito nisso. Quando vejo as pessoas trabalhando — por exemplo, artesãos ou mecânicos de automóvel —, penso que frequentemente essas pessoas orgulham-se bastante de seu trabalho. Creio que há um tipo de orgulho no trabalho bem feito, no trabalho complicado que é bem feito, porque ele requer pensamento e inteligência para ser realizado, especialmente quando também se está envolvido na gestão da empresa, na determinação de como o trabalho será organizado, quando se sabe para que ele serve, quais são seus propósitos, qual será o seu destino... Acredito que tudo isso pode ser uma atividade satisfatória e recompensadora que, de fato, requer habilidades; o tipo de habilidade que as pessoas gostam de ter e de colocar em prática. Entretanto, estou pensando hipoteticamente agora. Suponha que haja uma parcela de trabalho que realmente ninguém queira fazer, qualquer que seja esse trabalho — penso que essa parcela de trabalho deve ser dividida igualmente. As pessoas serão livres para exercer suas habilidades da maneira que julgarem conveniente.

Se essa parcela fosse muito grande, como algumas pessoas diriam que é, se ela representasse, para o trabalho envolvido na produção, 90% do que nós todos quiséssemos consumir, a organização para se dividir isso, com base em que todos fizessem um pouco desses trabalhos desagradáveis, seria amplamente ineficiente. Porque, afinal de contas, você tem de ser treinado e equipado para fazer também os trabalhos desagradáveis; a eficiência de toda a economia sofreria com isso e, por conseguinte, o padrão de vida seria reduzido.

Primeiro, isto é de fato bem hipotético, porque eu não acredito que as coisas sejam assim. Parece-me que se a inteligência humana se dedicasse a estudar como a tecnologia poderia ser desenvolvida para suprir as necessidades do produtor humano, em vez do contrário — isto é, agora perguntamos como o ser humano, com suas propriedades especiais, pode ser adaptado a um sistema tecnológico desenvolvido para outros fins, de produção para o lucro —, minha opinião é que se isso fosse feito, descobriríamos que o trabalho realmente indesejado é bem menor do que você sugere. Mas, de qualquer forma, note que temos duas alternativas. Uma delas é dividi-lo igualmente, a outra é desenvolver instituições sociais nas quais um grupo de pessoas seria simplesmente obrigado a fazer esse trabalho, sob pena de morrer de fome. Essas são as duas alternativas.

Não obrigadas a fazer, mas elas deveriam concordar em fazer voluntariamente porque a elas poderia ser pago um valor que valesse a pena.

Estou considerando que todos receberiam remuneração equivalente. Não se esqueça que não estamos falando de uma sociedade em que as pessoas que fazem o trabalho árduo recebem substancialmente mais do que as pessoas que fazem o trabalho que escolheram — muito pelo contrário. Da forma como nossa sociedade funciona, da forma como qualquer sociedade de classes funciona, as pessoas que fazem trabalhos indesejados são as que recebem menor remuneração. Esse trabalho é feito e preferimos nos esquecer disso, porque assumimos que haverá uma grande classe de pessoas que controla apenas um fator da produção — isto é, seu trabalho — e tem de vendê-lo, e essa classe terá de fazer isso porque não tem outra coisa para fazer, e ainda será muito mal remunerada por isso. Eu aceito sua correção. Imaginemos três tipos de sociedade. Uma, a atual, em que o trabalho indesejado é realizado pelos escravos assalariados. Imaginemos um segundo sistema em que o trabalho indesejado, depois dos melhores esforços para torná-lo significativo, seja dividido. Imaginemos também um terceiro sistema em que o trabalho indesejado receba um pagamento bem elevado, e por isso alguns indivíduos escolham voluntariamente fazê-lo. Parece-me que o segundo e o terceiro sistema são compatíveis com — vagamente falando — os princípios anarquistas. Eu defenderia o segundo em vez do terceiro, mas qualquer um dos dois está bem longe de qualquer organização social atual ou de qualquer tendência na organização social contemporânea.

Deixe-me colocar o assunto de uma outra forma. Parece-me que há uma escolha fundamental, ainda que ela esteja encoberta, entre duas alternativas: se você organiza o trabalho de acordo com a satisfação que ele dá às pessoas que o realizam ou se você o organiza sobre as bases do valor daquilo que é produzido para as pessoas que irão utilizar ou consumir o que é produzido. Uma sociedade organizada com o objetivo de oferecer a todos a máxima oportunidade para realizar seus hobbies *— o que é essencialmente o trabalho pelo trabalho — encontra sua extrapolação lógica num monastério, em que o tipo de trabalho que é feito, isto é, rezar, é um trabalho para o autoenriquecimento do trabalhador e a partir dele nada é produzido, nada que tenha alguma utilização, sendo que aqueles que o realizam vivem com um baixo padrão de vida ou, de fato, passam fome.*

Você faz algumas suposições factuais, das quais eu discordo. Minha opinião é que parte do que faz o trabalho ser significativo é que ele tenha uma utilização, que os resultados dele tenham um uso. O trabalho de um artesão é, em parte, significativo para ele, em função da inteligência e das habilidades que ele deposita nesse trabalho, mas também, em parte, porque o trabalho é útil. Devo dizer que isso também vale para os cientistas. O fato de o trabalho realizado conduzir a algo mais — e você sabe que é esse o seu significado na ciência —, a algo além, é muito importante, independente da elegância e da beleza daquilo que você realiza. E creio que isso é válido para todo o campo do esforço humano. Além disso, penso que, se olharmos para boa parte da história humana, encontraremos aquelas pessoas que, em grande medida, conseguiram obter algum nível de satisfação — frequentemente muita satisfação — no trabalho produtivo e criativo que faziam. E acredito que as chances disso acontecer são enormemente ampliadas pela industrialização. Por quê? Precisamente porque muito da falta de significado do trabalho pesado pode ser suprida com as máquinas, o que significa que o campo para o trabalho humano realmente criativo aumenta consideravelmente.

No entanto, você fala sobre o trabalho livremente realizado como um *hobby*. Não concordo com isso. Penso que o trabalho livremente realizado pode ser útil, significativo e bem feito. Você também propõe um dilema que muitas pessoas colocam, entre o desejo de satisfação no trabalho e o desejo de se criar algo de valor para a comunidade. E não é tão óbvio que haja algum dilema, alguma contradição. Portanto, não está claro, de modo algum — e de fato eu acredito que não é verdade — que a contribuição para o aumento do prazer e da satisfação no trabalho seja inversamente proporcional à contribuição para seu valor de produção.

Não inversamente proporcional, mas pode não ter relação. Digo, tomemos algumas coisas bem simples como vender sorvetes na praia num feriado. É um serviço à sociedade; sem dúvida as pessoas querem sorvetes, elas sentem calor. Por outro lado, é difícil ver em que sentido há prazer de uma pessoa, um grande senso de virtude social ou de nobreza, em se desenvolver tal tarefa. Por que alguém deveria realizar essa tarefa se não for recompensado por isso?

Devo dizer que tenho visto alguns vendedores de sorvete muito alegres...

É claro, eles estão ganhando muito dinheiro.

Eles podem gostar da ideia de vender sorvetes para as crianças, o que me parece uma maneira perfeitamente razoável de utilização do tempo, em comparação com milhares de outras ocupações que tenho em mente.

Lembre-se que uma pessoa tem uma profissão, e parece-me que muitas das profissões existentes — especialmente aquelas que envolvem os serviços, ou seja, as relações com seres humanos — têm uma satisfação intrínseca e uma recompensa associada a elas, por razão do trato com os seres humanos envolvidos. Isso é verdade para a atividade de ensinar e também para a de vender sorvetes. Eu concordo que a venda de sorvetes não requer a inteligência e o compromisso exigidos pelo ensino e, talvez por essa razão, seja uma ocupação menos desejada. Mas, se assim for, ela deverá ser dividida.

Entretanto, o que estou dizendo é que nossa característica suposição — de que o prazer e o orgulho no trabalho estão desconectados ou negativamente relacionados ao valor de produção — está relacionada com um estágio particular da história social, o capitalismo, no qual seres humanos são instrumentos de produção. De maneira nenhuma isso é verdade. Por exemplo, se você checar muitas entrevistas com trabalhadores nas linhas de montagem, que vêm sendo feitas por psicólogos da indústria, verá que uma das coisas que eles se queixam sempre é o fato de que seu trabalho simplesmente não pode ser bem feito, de que a linha de montagem vai tão rápido que eles não podem fazer o seu trabalho corretamente. Recentemente eu li um estudo sobre longevidade em um jornal de gerontologia que buscava enumerar os fatores que podem ser utilizados para prever a longevidade — você sabe, cigarros e álcool, fatores genéticos; tudo foi observado. E concluiu-se que, de fato, o indicador responsável pela maior longevidade, o de maior sucesso, e a satisfação no trabalho.

As pessoas que têm bons trabalhos vivem mais.

As pessoas que estão *satisfeitas* com seus trabalhos. Penso que isso faz muito sentido porque é nisso que você "gasta" a vida, é nisso que estão suas atividades criativas. O que leva à satisfação no trabalho? Acredito que muitas coisas levam a isso, e saber que você está fazendo algo útil para a comunidade é parte importante. Muitas pessoas que estão satisfeitas com seus empregos são pessoas que sentem que aquilo que fazem é importante. Podem ser professores, médicos, cientistas, artesãos ou agricultores. Creio que o sentimento de que aquilo que se faz é importante, digno, contribui para aqueles que têm vínculos sociais, é um fator muito importante na satisfação pessoal.

Além disso, há o orgulho e a autossatisfação que vêm de um trabalho bem feito — de simplesmente colocar suas habilidades em prática. Não vejo como isto poderia prejudicar o valor daquilo que é produzido; creio que, ao contrário, aumentaria esse valor.

Mas vamos imaginar que em algum nível prejudique. Muito bem, neste momento, a sociedade, a comunidade, terá de decidir como chegar a um acordo. Cada indivíduo é tanto um produtor quanto um consumidor, e isso significa que cada indivíduo tem de tomar parte nesses compromissos determinados socialmente — se de fato forem compromissos. E novamente sinto que a natureza do compromisso seja muito exagerada, por razão do prisma distorcido do sistema no qual vivemos, que é realmente coercitivo e pessoalmente destrutivo.

Tudo bem, você diz que a comunidade deve tomar as decisões sobre os compromissos, e é claro que a teoria comunista dá conta disso em todo o seu pensamento sobre planejamento nacional, decisões e direção de investimento, e assim por diante. Em uma sociedade anarquista, parece que você não concordaria em suprir essa quantidade de superestrutura governamental, que seria necessária para fazer os planejamentos, tomar as decisões de investimentos, decidir se se daria prioridade ao que as pessoas querem consumir ou se se priorizaria o trabalho que as pessoas querem fazer.

Não concordo. Parece-me que estruturas anarquistas, ou, neste caso, estruturas marxistas de esquerda, fundamentadas em sistemas de conselhos e federações de trabalhadores, proporcionam exatamente o conjunto de níveis de tomada de decisão, no qual decisões sobre um planejamento nacional podem ser tomadas. Similarmente, as sociedades sob o socialismo de Estado também possuem um nível de tomada de decisão — digamos, a nação —, no qual planejamentos nacionais podem ser produzidos. Não há diferença a esse respeito. A diferença tem a ver com a participação nessas decisões e com o controle sobre elas. Na visão dos anarquistas e dos marxistas de esquerda — como aqueles que defendiam os conselhos de trabalhadores ou os comunistas conselhistas — tais decisões devem ser tomadas pela classe trabalhadora, que seria informada em suas assembleias e por seus representantes diretos, que vivem entre ela e que trabalham com ela. No socialismo de Estado, o planejamento nacional é feito por uma burocracia nacional que acumula para si mesma toda a informação relevante, toma as decisões, apresenta-as ao público e, ocasionalmente, de tempos em tempos, comparece diante dele e diz: "Vocês podem escolher a mim ou a ele, mas nós todos somos parte dessa isolada burocracia". Essas são as opções, são os polos opostos dentro da tradição socialista.

Então, de fato, há um papel bem considerável para o Estado e, possivelmente, até para os funcionários públicos, para a burocracia, mas é o controle sobre isso que é diferente.

Veja, eu realmente não acredito que precisamos de uma burocracia separada para executar as decisões governamentais.

Você precisa de várias habilidades.

Sim, mas consideremos as habilidades relacionadas ao planejamento econômico, porque, certamente, em qualquer sociedade industrial complexa deve haver um grupo de técnicos, cuja tarefa é fazer projetos, projetar as consequências das decisões e explicar às pessoas que vão tomar as decisões que se elas tomarem uma determinada decisão, terão de arcar com prováveis consequências, porque é isso que o seu modelo de processo preconiza. Mas a questão é que esses sistemas de planejamento também são indústrias, terão seus conselhos de trabalhadores e serão parte de todo o sistema de conselhos; e a diferença é que esses sistemas de planejamento não tomariam as decisões. Eles produziriam projetos, exatamente da mesma maneira que os trabalhadores automotivos produzem carros. Os projetos seriam então disponibilizados para os conselhos de trabalhadores e para as assembleias de conselhos, da mesma maneira que os carros são disponibilizados para quem vai dirigi-los. No entanto, é claro que isto requer uma classe trabalhadora informada e educada. É precisamente esse tipo de coisa que somos capazes de realizar em sociedades industriais avançadas.

Até que ponto o sucesso do socialismo libertário ou do anarquismo depende realmente de uma mudança fundamental na natureza do homem, em termos de motivação, altruísmo, conhecimento e sofisticação?

Penso que não depende apenas disso, mas todo propósito do socialismo libertário é que ele deve contribuir com isso. Contribuirá com uma transformação espiritual — precisamente aquele tipo de grande transformação na maneira como os humanos concebem a si mesmos e na sua capacidade de agir, decidir, criar, produzir, questionar — que os pensadores sociais, desde tradição marxista de esquerda, a partir de Rosa Luxemburgo, até aos anarcossindicalistas, têm sempre enfatizado. Por um lado, requer essa transformação espiritual, por outro, sua proposta é criar instituições que contribuirão para essa transformação na natureza do trabalho, na natureza da atividade criativa, nos laços sociais entre as pessoas e, por meio dessa interação, criar instituições que permitam que novos aspectos da natureza humana floresçam. E, assim, construir novas instituições libertárias com as quais esses seres humanos livres podem contribuir; essa é a evolução do socialismo, da maneira como eu o entendo.

E, finalmente, professor Chomsky, na sua opinião, quais são as chances de sociedades desse tipo virem a existir nos principais países industriais do ocidente, no próximo quarto de século?

Não creio saber o suficiente ou estar suficientemente informado para fazer previsões e penso que as previsões sobre questões tão mal entendidas, provavelmente, e em geral, acabam por refletir mais a personalidade do que o julgamento. Mas creio que, pelo menos, podemos dizer que o capitalismo industrial tende obviamente à concentração do poder em impérios econômicos restritos e àquilo que está se tornando, cada vez mais, um Estado totalitário. Essas são tendências que vêm se desenvolvendo há muito tempo, e não vejo nada que as esteja realmente detendo. Acredito que essas tendências continuarão; elas são parte da estagnação e do declínio das instituições capitalistas.

Entretanto, parece-me que esse desenvolvimento rumo ao totalitarismo de Estado e à concentração econômica — e é claro que ambos estão ligados — levará continuamente a uma reação, a esforços de libertação pessoal e a esforços organizativos de libertação social. E isto tomará todo tipo de forma. Por toda a Europa, de uma maneira ou de outra, há uma reivindicação para o que é às vezes conhecido como participação ou cogestão dos trabalhadores, ou mesmo, algumas vezes, como controle operário. Muitos desses esforços, ainda assim, são mínimos. Creio que eles estão equivocados e podem até minar os esforços da classe trabalhadora para libertar-se. Mas, em parte, eles são suscetíveis a uma forte intuição e à compreensão de que a coerção e a opressão, seja pelo poder econômico privado ou pela burocracia estatal, não são aspectos necessários da vida humana. E quanto mais continuarem essas concentrações de poder e autoridade, mais veremos a reação contra elas e os esforços de organização visando derrotá-las. Cedo ou tarde esses esforços terão êxito, assim eu espero.

Tradução: Rodrigo Rosa e Bruna Mantese

ANARQUISMO, MARXISMO E EXPECTATIVAS PARA O FUTURO[†]

Primeiramente, Noam, já faz algum tempo que você defende as ideias anarquistas. Muitas pessoas conhecem a introdução que você escreveu em 1970 para o livro Anarquismo *de Daniel Guérin. Porém, mais recentemente, por exemplo no vídeo* Consenso fabricado, *você aproveitou a oportunidade para destacar novamente o potencial do anarquismo e das ideias anarquistas. O que te atrai no anarquismo?*

Eu me encantei pelo anarquismo ainda bastante jovem, assim que comecei a pensar no mundo para além de uma perspectiva bastante limitada, e não vi muitos motivos, desde então, para modificar aquelas antigas atitudes. Creio que o anarquismo só tem sentido ao buscar e identificar estruturas de autoridade, hierarquia e dominação em todos aspectos da vida, e questioná-las; e, a não ser que se justifiquem, estas estruturas são ilegítimas e devem ser desmanteladas, visando a extensão da liberdade humana. Estruturas que incluem o poder político, a propriedade e a gestão, as relações entre homens e mulheres, pais e filhos, nosso controle sobre o destino das gerações futuras (o imperativo moral básico por trás do movimento ambiental, na minha opinião) e muito mais. Naturalmente, isso significa combater as enormes instituições de coerção e controle: o Estado, as incontáveis tiranias privadas que controlam a maioria da economia doméstica e internacional, e assim por diante. E não somente essas. Isso é o que eu sempre entendi ser a essência do anarquismo: a convicção de que o ônus da prova tem de ser colocado sobre a autoridade e, caso ela não se justifique, deve ser desmantelada. Algumas vezes as autoridades podem ser justificadas. Se eu estiver dando um passeio com meus netos e eles correrem para uma rua movimentada, utilizarei não apenas a autoridade, mas a coerção física para detê-los. Esse ato deve ser questionado, mas acredito que ele pode facilmente se justificar. E há outros casos; a vida é complexa e compreendemos muito pouco sobre os seres humanos e a sociedade; afirmações grandiosas geralmente

[†] Entrevista realizada por Kevin Doyle em maio de 1995 e publicada na revista irlandesa *Red and Black Revolution*, número 2, 1996. [N. do E.]

causam mais mal do que bem. Mas a perspectiva é válida, creio eu, e pode nos conduzir a um longo caminho.

Para além dessas generalidades, começamos a olhar para os casos a partir dos quais surgem as questões de interesse e relevância humana.

É certo afirmar que seus pensamentos e críticas são, agora, bem mais conhecidos do que antes. Deve também ser dito que suas opiniões são bastante respeitadas. Como você acha que sua defesa do anarquismo é recebida nesse contexto? Em particular, gostaria de saber o retorno que você recebe das pessoas que começam a se interessar por política e que podem ter se deparado com suas opiniões. Essas pessoas se surpreendem com a sua defesa do anarquismo? Elas se interessam por isso?

A cultura intelectual geral, como você sabe, associa anarquismo com caos, violência, bombas, confusão e coisas do tipo. As pessoas sempre se surpreendem quando falo bem do anarquismo e me identifico com suas tradições mais relevantes. No entanto, minha impressão é que entre o público geral, as ideias fundamentais do anarquismo parecem razoáveis, quando esclarecidas. É claro que, ao discutir assuntos específicos — isto é, a natureza das famílias, ou como uma economia funcionaria numa sociedade mais livre e justa —, questões e controvérsias surgem. Mas é assim que deve ser. A física não pode explicar, de fato, como a água flui da torneira para o ralo de uma pia. Quando abordamos questões humanas muito mais complexas, a compreensão é muito limitada e há muito espaço para divergência, experimentação, explorações de possibilidades da vida real e possibilidades intelectuais, todas as quais nos ajudam a aprender mais.

Talvez o anarquismo tenha sido deturpado mais do que qualquer outro pensamento. O anarquismo significa muitas coisas para as pessoas. Você frequentemente tem de explicar o que entende por anarquismo? A deturpação do anarquismo te incomoda?

Toda deturpação é um incômodo. Muito dela pode ter se originado nas estruturas de poder que possuem interesse em impedir sua compreensão, por razões óbvias. É bom recordar os *Princípios do governo* de David Hume. Ele mostrou-se surpreso com o fato de as pessoas sempre se submeterem a seus governantes. Concluiu que já que "a força está sempre do lado dos governados, os governantes nada têm para apoiá-los, exceto a opinião. É, portanto, apenas sobre a opinião que o governo se fundamenta; e essa máxima estende-se tanto aos governos mais despóticos e militares, como aos mais livres e populares". Hume foi muito perspicaz — e, algumas vezes, um verdadeiro libertário para os padrões de sua época. Ele claramente subestima a eficácia da força, e sua observação parece-me correta e importante, em particular nas sociedades mais livres, em que a arte de controlar a opinião é muito mais aperfeiçoada. A deturpação e outras formas de confusão são concomitantes naturais.

Se a deturpação me incomoda? Claro, da mesma forma que o mau tempo. Ela vai existir enquanto as concentrações de poder produzirem um tipo de classe de comissários para defendê-las. Visto que normalmente elas não são muito inteligentes, ou são inteligentes o suficiente para saber que devem evitar o campo dos fatos e dos argumentos, elas se utilizam da deturpação, da difamação e de outros artifícios disponíveis para aqueles que sabem que serão protegidos pelos vários meios disponíveis aos poderosos. Devemos entender por que tudo isso acontece e esclarecer as coisas da melhor forma que pudermos. Isso é parte do projeto de libertação — tanto do nosso quanto dos outros, ou melhor, das pessoas trabalhando juntas para atingir esse objetivo.

Parece simplista, e é. Eu tenho ainda de me deparar com muitas explicações sobre a vida humana e a sociedade que não são simplistas, quando o absurdo e as imposturas egoístas são deixadas de lado.

E nos círculos de esquerda mais estabelecidos, nos quais seria natural nos depararmos com maiores familiaridades em relação ao anarquismo? As pessoas se surpreendem nesses círculos por razão de suas opiniões e da defesa que você realiza do anarquismo?

Se eu entendo o que você quer dizer com "círculos de esquerda estabelecidos", as pessoas não se surpreendem muito com minhas opiniões sobre o anarquismo, mesmo porque minhas concepções, em relação a qualquer assunto, são muito pouco conhecidas. Esses não são círculos com os quais eu me relaciono e neles você raramente encontrará uma referência a alguma coisa que eu digo ou escrevo. Há exceções, é claro. Nos EUA (menos frequentemente na Inglaterra ou em outros lugares) é possível encontrar alguma familiaridade com as minhas posições em alguns dos setores mais críticos e independentes daquilo que podemos chamar de "círculos de esquerda estabelecidos"; tenho amigos pessoais e companheiros dispersos aqui e ali. Mas dê uma olhada nos livros e revistas, e verá o que digo. Não espero que o que eu escrevo ou digo seja mais bem-vindo nesses círculos do que nas associações de docentes ou nas editoras — novamente, com exceções.

A questão é tão marginal que é difícil de respondê-la.

Algumas pessoas notaram que você utiliza o termo "socialismo libertário" no mesmo contexto em que utiliza a palavra "anarquismo". Você acredita que esses termos sejam essencialmente similares? O anarquismo é um tipo de socialismo para você? A descrição foi utilizada antes da afirmação de que "o anarquismo é equivalente ao socialismo com liberdade". Você concorda com essa equação básica?

A introdução ao livro de Guérin, que você mencionou, começa com uma citação de um simpatizante do anarquismo que, há um século, disse: "O anarquismo tem costas largas, e, como o papel, aceita qualquer coisa". Um de seus principais elementos é aquilo que tem sido tradicionalmente chamado de "socialismo libertário". Venho tentando explicar aqui e em outros lugares o que quero dizer com isso, enfatizando que esse conceito não é muito original. Baseio-me nos pensamentos de pessoas importantes do movimento anarquista, sempre citadas por mim, e naquelas que mais coerentemente se definem como socialistas condenando severamente, ao mesmo tempo, a "nova classe" de intelectuais radicais que buscam o poder de Estado no processo de luta popular, tornando-se uma corrupta "burocracia vermelha" — em relação à qual advertiu Bakunin e que é frequentemente chamada de "socialismo". Concordo com as ideias de Rudolf Rocker de que essas tendências (bastante centrais) do anarquismo fundamentam-se na melhor parte do Iluminismo e do pensamento clássico liberal, para além daquilo que foi descrito por ele. Como venho tentando demonstrar, essas tendências diferenciam-se amplamente da doutrina e da prática marxista-leninista, das doutrinas "libertárias", que estão na moda particularmente nos EUA e na Inglaterra, e de outras ideologias contemporâneas, todas as quais parecem-me reduzir-se à defesa de uma ou outra forma de autoridade ilegítima, e que frequentemente são verdadeiras tiranias.

A REVOLUÇÃO ESPANHOLA

No passado, falando do anarquismo, você muitas vezes referiu-se ao exemplo da Revolução Espanhola. Parece que, para você, há dois aspectos nesse exemplo. Por um lado, o fato de a experiência da Revolução Espanhola ser, como você diz, um bom exemplo do "anarquismo em ação". Por outro, que a Revolução Espanhola é um bom exemplo daquilo que os trabalhadores podem conseguir com seus próprios esforços e utilizando a democracia participativa. Esses dois aspectos — o anarquismo em ação e a democracia participativa — são a mesma coisa para você? O anarquismo é uma filosofia para o poder popular?

Estou relutante em utilizar palavras extravagantes como "filosofia" para me referir a algo que parece ser um simples senso comum. E eu também me incomodo com *slogans*. As realizações dos trabalhadores e dos camponeses espanhóis, antes da revolução ser aniquilada, foram impressionantes em muitos aspectos. O termo "democracia participativa" é mais recente, desenvolveu-se num contexto diferente, mas certamente há pontos de similaridade. Desculpe-me se isso parece evasivo. E é, pois eu não acho que o conceito de anarquismo ou de democracia participativa sejam claros o suficiente para responder se eles significam a mesma coisa.

Uma das principais realizações da Revolução Espanhola foi o nível de democracia de base estabelecida. Estima-se que mais de 3 milhões de pessoas estiveram envolvidas e a produção rural e urbana foi gerida pelos próprios trabalhadores. Em sua opinião, é uma coincidência que os anarquistas, conhecidos por sua defesa da liberdade individual, tenham tido esse sucesso no âmbito da gestão coletiva?

É claro que não foi uma coincidência. As tendências do anarquismo que eu sempre acreditei serem as mais convincentes têm por objetivo uma sociedade altamente organizada, que integre vários e diversos tipos de estruturas (local de trabalho, comunidade e muitas outras formas de associação voluntária), controladas por aqueles que delas participam e não por aqueles que somente dão as ordens (exceto, novamente, quando a autoridade pode ser justificada, como é o caso, algumas vezes, em situações específicas).

DEMOCRACIA

Os anarquistas frequentemente se esforçam muito para construir democracia de base. São sempre acusados de "levar a democracia ao extremo". Apesar disso, muitos anarquistas não colocariam, de imediato, a democracia como um elemento central da filosofia anarquista. Os anarquistas referem-se à sua política mais em termos de "socialismo" ou de "indivíduo" do que em termos de democracia. Você concorda que as ideias democráticas são aspectos centrais do anarquismo?

A crítica da "democracia" entre os anarquistas sempre foi uma crítica da democracia parlamentar, da maneira como ela surgiu nas sociedades fortemente repressivas. Considere os EUA, que têm sido tão livres quanto qualquer outro país, desde suas origens. A democracia americana foi fundada sobre o princípio, enfatizado por James Madison na Assembleia Constituinte de 1787, de que a principal função do governo é "proteger uma minoria de ricos, em detrimento da maioria". E, assim, ele advertiu que, na Inglaterra — o único modelo "quase democrático" da época —, se fosse permitido à população comum exprimir sua opinião sobre as questões públicas, ela implementaria a reforma agrária e outras atrocidades, e que o sistema americano deveria ser cuidadosamente construído, de maneira a evitar os crimes contra *os direitos de propriedade*, que deveriam ser defendidos (e de fato, prevalecer). A democracia parlamentar, nesses moldes, merece severas críticas dos verdadeiros libertários; eu nem mesmo toquei em diversos outros aspectos não exatamente sutis — a escravidão, para mencionar apenas um, ou a escravidão assalariada, muito criticada por trabalhadores que nunca tinham ouvido falar de anarquismo ou comunismo durante o século XIX, e também depois disso.

LENINISMO

A importância da democracia de base para qualquer transformação significativa da sociedade parece ser evidente. Porém, a esquerda, no passado, foi ambígua em relação a esse tema. Estou falando de maneira geral da social-democracia, mas também do bolchevismo — tradições da esquerda que parecem ter mais em comum com o pensamento elitista do que com as práticas estritamente democráticas. Lenin, para tratar de um exemplo conhecido, não acreditava que os trabalhadores pudessem desenvolver algo além da "consciência sindicalista" — com o que, suponho eu, ele queria dizer que os trabalhadores não poderiam ver muito além de suas necessidades imediatas. Da mesma forma, a socialista fabiana Beatrice Webb, muito influente no Partido Trabalhista da Inglaterra, acreditava que os trabalhadores estavam interessados apenas em "corridas de cavalos"! Onde esse elitismo originou-se e o que ele faz no campo da esquerda?

Temo que seja difícil responder essa questão. Se a esquerda incluísse o bolchevismo, eu me separaria completamente dela. Lenin foi um dos maiores inimigos do socialismo, na minha opinião, por razões que já discuti. A ideia de que os trabalhadores estão interessados apenas em corridas de cavalos é um absurdo que não pode ser sustentado, nem mesmo com um olhar superficial da história do trabalho ou da imprensa ativa e independente da classe trabalhadora, a qual prosperou em muitos lugares, incluindo as cidades industriais da Nova Inglaterra, não muitas milhas distante de onde escrevo neste momento — sem falar do registro inspirador das bravas lutas das pessoas oprimidas e perseguidas durante toda a história, até esse exato momento. Considere o canto mais miserável desse hemisfério, o Haiti, tido pelos conquistadores europeus como um paraíso e uma fonte de grande parte da riqueza europeia, agora devastado e talvez sem possibilidades de recuperação. Há poucos anos, sob condições tão miseráveis que poucas pessoas nos países ricos poderiam imaginar, camponeses e favelados construíram um movimento popular democrático, estabelecido por organizações de base, que supera quase tudo que conheço em outras localidades. Apenas funcionários muito obedientes não morreriam de rir ao escutar os pronunciamentos solenes de intelectuais e líderes políticos americanos sobre a necessidade dos EUA darem lições de democracia aos haitianos. As realizações dese movimento foram tão importantes e assustadoras para os poderosos, que os haitianos tiveram de ser submetidos a outra dose de violento terror, com muito mais apoio dos EUA do que é publicamente reconhecido, e eles ainda não se renderam. Você acha que eles estão interessados somente em corridas de cavalos?

Eu sugeriria algumas linhas de Rousseau, geralmente citadas por mim: "Quando eu vejo multidões de selvagens inteiramente despidos, desprezarem a voluptuosidade europeia e aguentar fome, fogo, ferro e morte para preservar unicamente sua independência, eu sinto que não é aos escravos que convém refletir sobre liberdade".

Falando de forma geral novamente, sua obra Contendo a democracia *tratou coerentemente do papel e do predomínio das ideias elitistas em sociedades como a nossa. Você afirmou que na democracia "ocidental" (ou parlamentar) existe um profundo antagonismo em qualquer função ou contribuição real das pessoas, por receio de que isso possa ameaçar a distribuição desigual de riqueza que beneficia os ricos. Sua obra é totalmente convincente neste aspecto, mas fora isso, algumas pessoas chocam-se com as suas declarações. Por exemplo, você compara as políticas do presidente John F. Kennedy com Lenin, mais ou menos equiparando os dois. Isso, posso adicionar, tem chocado partidários de ambos os lados! Você pode especificar a validade dessa comparação?*

Na realidade eu não equiparei as doutrinas dos intelectuais liberais da administração Kennedy com os leninistas, mas mencionei pontos de impressionante similaridade — como havia previsto Bakunin um século antes, em seu notável comentário sobre a *nova classe*. Por exemplo, citei trechos de McNamara defendendo a necessidade de aumentar o controle gerencial para que fôssemos verdadeiramente *livres*, e enfatizei que a subadministração é uma ameaça real à democracia, um ataque contra a própria razão. Mude algumas palavras nesses trechos e teremos a doutrina leninista clássica. Tenho sustentado que as raízes são mais profundas, em ambos os casos. Sem esclarecermos o que as pessoas consideram "chocante", não posso comentar mais do que isso. As comparações são específicas, e acredito que ambas são prudentes e propriamente qualificadas. Se não forem, e se isso for um erro, gostaria de ser informado.

MARXISMO

O leninismo refere-se a um tipo de marxismo que se desenvolveu com V. I. Lenin. Você está implicitamente distinguindo os trabalhos de Marx da análise particular que você faz de Lenin, quando utiliza o termo "leninismo"? Você vê uma continuidade entre as posições de Marx e as práticas posteriores de Lenin?

As advertências de Bakunin sobre a *burocracia vermelha* que iria instituir "o pior de todos os governos despóticos" foram muito anteriores a Lenin, e eram dirigidas contra os seguidores de Marx. Houve, de fato, seguidores de diversos tipos; Pannekoek, Luxemburgo, Mattick e outros, que estão muito distantes de Lenin e de suas opiniões, frequentemente convergem com elementos do anarcossindicalismo. Korsch e outros escreveram, simpaticamente, sobre a revolução anarquista na Espanha. Existem continuidades de Marx para Lenin, mas existem também continuidades para marxistas que foram severamente críticos de Lenin e do bolchevismo. A obra de Teodor Shanin, realizada há alguns anos, sobre as atitudes tardias de Marx em relação à revolução camponesa, também é relevante neste aspecto. Estou longe de ser um estudioso de Marx, e não ousaria fazer qualquer julgamento sério sobre quais dessas continuidades reflete o "Marx real", ainda que haja uma resposta para essa questão.

Recentemente, conseguimos uma cópia do seu Notas sobre o anarquismo *(republicado no ano passado pelo* Discussion Bulletin *dos* EUA*). Nele, você menciona as visões do "jovem Marx", em particular seu desenvolvimento da ideia de alienação no capitalismo. Você geralmente concorda com essa divisão na vida e na obra de Marx — um jovem, mais socialista libertário que, nos anos posteriores, tornou-se um vigoroso autoritário?*

O jovem Marx absorve muito do meio em que viveu. É possível encontrar muitas similaridades entre seu pensamento e aquele que inspirou o liberalismo clássico e que influenciou o Iluminismo, o romantismo francês e alemão. Novamente: eu não conheço Marx o bastante para ter a pretensão de fazer um julgamento com autoridade. Minha impressão, se é que ela vale alguma coisa, é que o "jovem Marx" era, em grande medida, uma figura do Iluminismo tardio, e o "Marx da maturidade" era um militante bastante autoritário e um crítico do capitalismo, que tinha pouco a dizer sobre alternativas socialistas. Mas são apenas impressões.

Acredito que a essência de sua visão das coisas é forjada por sua concepção de natureza humana. No passado, a ideia de natureza humana era vista como reacionária e até limitada. Por exemplo, o aspecto imutável da natureza humana é frequentemente utilizado para argumentar que as coisas não podem ser modificadas no sentido proposto pelo anarquismo. Você discorda? Por quê?

A essência do ponto de vista de qualquer um é, em certa medida, sua concepção de natureza humana. Porém, isso pode estar distante da consciência ou faltar articulação. Pelo menos, isso é verídico para as pessoas que se consideram agentes morais e não monstros. Monstros à parte, se uma pessoa que defende reforma ou revolução, a estabilidade ou o retorno para cenários anteriores ou simplesmente cultivar um jardim, ela se fundamenta no princípio de que isso é "bom para as pessoas". Esse julgamento baseia-se em alguma concepção de natureza humana, que uma pessoa razoável tentará deixar o mais claro possível, se somente assim isso puder ser avaliado. Portanto, em relação a isso, não sou diferente de ninguém.

Você está certo ao dizer que a natureza humana tem sido vista como "reacionária", mas isso é resultado de uma profunda confusão. A minha neta não é diferente de uma pedra, de uma salamandra, de um frango ou de um macaco? Uma pessoa que concorda com isso reconhece que existe uma natureza humana distinta. Resta apenas a questão de saber o que ela é — uma questão fascinante e altamente interessante, com enorme interesse científico e significado humano. Conhecemos bem alguns de seus aspectos — não aqueles de maior significado humano. Para além disso, restam-nos apenas esperanças, desejos, intuições e especulações.

Não existe nada "reacionário" no fato de um embrião humano ser tão confinado que não possa desenvolver asas, que seu sistema visual não possa funcionar como o de um inseto ou que ele não tenha o instinto de retorno ao pombal. Os mesmos fatores que impedem o desenvolvimento dos organismos nos possibilitam conseguir uma estrutura valiosa, complexa e altamente articulada, similar fundamentalmente àqueles que pertencem à mesma espécie, com capacidades brilhantes e notáveis. Um organismo que não tiver uma determinada estrutura interna estabelecida — o que claramente limita de maneira significativa os caminhos do desenvolvimento — será algum tipo de criatura ameboide, digna de pena — ainda que ela possa sobreviver de alguma maneira. A extensão e os limites do desenvolvimento estão logicamente relacionados.

Considere a linguagem, uma das poucas capacidades humanas distintivas, sobre a qual muito é conhecido. Temos razões muito fortes para acreditar que todas as possíveis linguagens humanas são muito similares; um cientista marciano observando os humanos poderia concluir que existe apenas uma linguagem com poucas variantes. A razão é que o aspecto particular da natureza humana que sustenta o crescimento da linguagem permite opções muito restritas. Isso é limitado? Claro. Isso é libertador? Também, é claro. São essas restrições reais que tornam possível para um sistema de expressão de pensamento intricado e brilhante desenvolver-se de maneiras similares sobre as bases de uma experiência muito rudimentar, dispersa e variada.

E o problema das diferenças humanas biologicamente determinadas? Certamente é verdade que elas existem, e isso é uma razão para nos alegrarmos e não para nos gerar medo ou arrependimento. Não valeria a pena viver uma vida entre clones, e qualquer pessoa sã deveria alegrar-se com o fato de outros terem habilidades que ela não tem. Isso é elementar. O que se pensa comumente sobre esses problemas é realmente estranho na minha opinião.

A natureza humana, seja o que ela for, favorece ou impede o desenvolvimento de formas de vida anarquistas? Não sabemos o suficiente para responder, de um jeito ou de outro. Esses são assuntos para experiências e descobertas, e não para pronunciamentos vazios.

O FUTURO

Para finalizar, eu gostaria de colocar sinteticamente algumas questões atuais da esquerda. Não sei se a situação é similar nos EUA, *mas aqui,*[1] *a queda da União Soviética implicou uma certa desmoralização da esquerda. Não que as pessoas fossem fervorosas defensoras do que havia na União Soviética, mas há um sentimento geral de que, com o seu desmantelamento, a ideia de socialismo enfraqueceu-se. Você tem notado essa desmoralização? Qual a sua posição sobre isso?*

Minha resposta para o fim da tirania soviética foi similar à minha reação à derrota de Hitler e Mussolini. Em todos os casos, foi uma vitória para a vida humana. Esse fim deveria ter sido particularmente bem-vindo para os socialistas, já que um grande inimigo do socialismo finalmente ruiu. Como você, eu estava intrigado para ver se as pessoas — incluindo aquelas que se consideraram antistalinistas e antileninistas — seriam desmoralizadas com o colapso dessa tirania. O que isso revela é que essas pessoas estavam mais comprometidas com o leninismo do que acreditavam estar.

Existem, entretanto, outras razões a serem levadas em conta com o fim desse sistema tirânico e brutal, que era tão *socialista* quanto *democrático* (recorde que ele afirmava ser socialista e democrático, e que ainda que sua reivindicação em relação à democracia tenha sido ridicularizada no Ocidente, a reivindicação do socialismo foi avidamente aceita, como uma arma contra o socialismo — um dos muitos exemplos do trabalho dos intelectuais ocidentais a serviço do poder). Uma razão disso tem a ver com a natureza da Guerra Fria. Na minha opinião, ela foi, em grande medida, um exemplo especial do "conflito Norte-Sul", para utilizar o eufemismo atual que diz respeito às conquistas europeias de grande parte do mundo. A Europa Oriental era o novo "terceiro mundo" e a Guerra Fria, a partir de 1917, teve diversas semelhanças com as reações às tentativas de outras partes do terceiro mundo para seguirem um caminho independente, embora nesse caso as diferenças de escala tenham dado ao conflito uma vida própria. Por essa razão, era razoável esperar que a região retornasse consideravelmente à sua posição anterior: algumas partes do Ocidente, como a República Tcheca ou a Polônia Ocidental,

[1]Irlanda. [N. do T.]

juntando-se novamente, outras voltando a exercer um papel semelhante ao anterior, a ex-*nomenklatura* tornando-se o modelo de elite do terceiro mundo (com a aprovação do poder estatal-empresarial do Ocidente, que geralmente prefere ela a outros). Esta não era uma bela perspectiva; ela levou a um imenso sofrimento.

Outras questões relevantes têm a ver com a dissuasão e o não alinhamento. Grotesco como era o império soviético, sua existência real ofereceu certo espaço para o não alinhamento e, por razões totalmente cínicas, deu assistência algumas vezes às vítimas do ataque ocidental. Isso acabou, e o Sul está sofrendo as consequências.

Uma terceira razão é o que a imprensa de negócios chama de "trabalhadores ocidentais mimados" com "estilos de vida luxuosos". Com a reintegração de grande parte da Europa Oriental, proprietários e administradores têm novas e poderosas armas contra as classes trabalhadoras e os pobres "de casa". A GM e a VW podem não apenas transferir a produção para o México e para o Brasil (ou pelo menos ameaçar que farão isso, o que frequentemente é a mesma coisa), mas também para a Polônia e para a Hungria, onde eles encontram trabalhadores capacitados e treinados, por um custo menor. Eles vêm olhando para isso satisfeitos, o que é compreensível se levarmos em conta os valores dominantes.

Podemos aprender muito sobre o que foi a Guerra Fria (ou outro conflito qualquer) pela observação de quem está aplaudindo e quem está infeliz com o seu fim. Utilizando este critério, considero que os vencedores da Guerra Fria são as elites ocidentais e a ex-*nomenklatura* — que ficou muito mais rica do que jamais poderia imaginar — e os perdedores são uma parte substancial da população do Oriente, trabalhadores e pobres do Ocidente, além dos setores populares do Sul, que têm procurado um caminho independente.

Essas ideias tendem a provocar certa histeria entre os intelectuais do Ocidente, quando eles podem ao menos notá-las, algo que é raro. Isso é fácil de se demonstrar e também é compreensível. As observações são corretas e subvertem o poder e o privilégio; esse é o motivo da histeria.

No geral, as reações de alguém honesto ao fim da Guerra Fria são mais complexas do que apenas o prazer pelo colapso de uma tirania brutal. Além disso, as reações predominantes vêm sendo difundidas com extrema hipocrisia, na minha opinião.

CAPITALISMO

Em muitos aspectos, a esquerda encontra-se hoje de volta ao seu ponto de partida, no século XIX. *Como outrora, ela agora enfrenta uma forma de capitalismo que está em ascendência. Parece que existiria um grande consenso hoje, mais do que em qualquer outra época da história, de que o capitalismo é a única forma viável de organização econômica, apesar da desigualdade de riquezas estar crescendo. Diante desse cenário, poderíamos afirmar que a esquerda está incerta de como prosseguir. Como você vê a atualidade? Seria uma questão de "voltar aos fundamentos"? O esforço agora deveria ser feito no sentido de introduzir a tradição libertária no socialismo e de dar ênfase às ideias democráticas?*

Na minha opinião, isso, em grande parte, é propaganda. O que é chamado de "capitalismo" é basicamente um sistema de mercantilismo empresarial, com enormes e incontáveis tiranias privadas exercendo vasto controle sobre a economia, os sistemas políticos e a vida social e cultural, operando em íntima cooperação com os poderosos Estados que intervêm pesadamente na economia doméstica e na sociedade internacional. Isso é dramaticamente verdade nos Estados Unidos, ao contrário da ilusão causada pela propagada. Os ricos e privilegiados não estão mais querendo enfrentar o regime de mercado como fizeram no passado, embora o considerem bastante adequado para a população em geral. Apenas para ilustrar alguns poucos casos, a administração Reagan, que se divertiu com a retórica do livre mercado, também se vangloriou com a comunidade de negócios por ser a mais protecionista na história do pós-guerra dos EUA — de fato, mais do que todas as outras juntas. Newt Gingrich, que conduz a atual cruzada, representa uma região riquíssima que recebe mais subsídios federais do que qualquer outra região suburbana fora do sistema federal do país. Os "conservadores", que estão pedindo o fim das merendas escolares para crianças famintas, também estão exigindo um aumento de verbas para o Pentágono, que se estabeleceu na sua forma atual no fim dos anos 1940, porque — como a imprensa de negócios foi gentil demais para nos dizer —, a industria de alta tecnologia não pode sobreviver numa "economia homogênea, competitiva, sem subsídios e empreendedora", e o governo deve ser seu "salvador". Sem o "salvador", os eleitores de Gingrich seriam pobres trabalhadores (se tivessem sorte). Não existiriam computadores, eletrônicos em geral, indústria de aviação, metalurgia, automação etc. Os anarquistas de todos os povos não devem se iludir com esses truques costumeiros.

Mais do que nunca as ideias socialistas libertárias são relevantes e a população está muito aberta a elas. Apesar de muita propaganda empresarial, fora dos círculos instruídos as pessoas continuam a manter, em grande medida, suas atitudes costumeiras. Nos EUA, por exemplo, mais de 80% da população considera o sistema econômico "inerentemente injusto" e o sistema político uma fraude, que serve a "interesses especiais" e não "ao povo". A maioria esmagadora das pessoas pensa que os trabalhadores têm pouca participação nos assuntos públicos (isso também vale para a Inglaterra), que o governo deve assistir às pessoas necessitadas, que gastar com educação e saúde deve ter prioridade em relação ao corte de verbas e impostos, que as propostas republicanas atuais em trâmite pelo Congresso beneficiam os ricos e prejudicam a população em geral, e assim por diante. Os intelectuais podem contar uma história diferente, mas não é tão difícil descobrir os fatos.

De certa forma, as ideias anarquistas vêm se justificando com o desmoronamento da União Soviética — as previsões de Bakunin provaram estar corretas. Você acredita que os anarquistas devem dar atenção a esse desenvolvimento geral e a essa percepção das análises de Bakunin? Os anarquistas deveriam ter grande convicção nas suas ideias e em sua história, no que diz respeito ao próximo período?

Acredito — pelo menos espero — que a resposta esteja implícita acima. Creio que os tempos atuais têm perspectivas nefastas e sinais de grande esperança. Os resultados dependerão daquilo que fizermos com as oportunidades.

Finalmente, Noam, um outro tipo de questão. Nós temos uma Guiness encomendada para você aqui. Quando você virá beber?

Deixe a Guiness pronta. Eu espero que não demore muito. Piadas à parte, eu estaria aí amanhã se fosse possível. Nós (minha esposa veio comigo, o que é raro nessas constantes viagens) tivemos momentos maravilhosos na Irlanda e adoraríamos voltar. Por que não voltamos? Não vou aborrecer vocês com esses pequenos detalhes, mas os pedidos são extraordinários e instigantes — uma reflexão das circunstâncias que tentei descrever.

Tradução: Felipe Corrêa

METAS E PROJETOS†

QUANDO ME REFIRO às metas e aos projetos, tenho em mente uma distinção prática e não principista. Como é comum nas questões humanas, a perspectiva prática é a que mais importa. O conhecimento teórico que temos é pequeno demais para ter grande relevância.

Por projetos, refiro-me à concepção de uma sociedade futura que inspire aquilo que realmente fazemos, uma sociedade na qual um ser humano respeitável gostaria de viver. Por metas, refiro-me às escolhas e às tarefas que estão a nosso alcance, que fundamentarão as escolhas de caminhos e serão guiadas por um projeto, que pode estar distante e não muito bem acabado.

Um projeto inspirador deve basear-se em alguma concepção de natureza humana, daquilo que é bom para as pessoas, de suas necessidades e seus direitos, dos aspectos naturais que devem ser estimulados, incentivados e deixados florescer para benefícios próprios e de outros. A concepção de natureza humana que constitui a base de nossos projetos é comumente tácita e incompleta, mas está sempre presente, ainda que de maneira implícita. Isso acontece tanto ao preferirmos deixar as coisas como estão e nos dedicarmos somente às nossas próprias vidas, quanto ao escolhermos buscar as pequenas transformações ou mesmo as transformações revolucionárias.

Isso é verdade, em grande medida, para as pessoas que se consideram agentes morais e não monstros — pessoas que se preocupam com os efeitos daquilo que fazem ou deixam de fazer.

Sobre todas essas questões, nosso conhecimento e nossa compreensão não são profundos; como em praticamente todos os campos da vida humana, agimos pela intuição e pela experiência, pelas expectativas e pelos medos.

As metas envolvem difíceis escolhas com sérias consequências humanas. Tomamos nossas decisões fundamentados em evidências

† Quarto capítulo do livro *Powers and Prospects*, publicado em 1996 pela editora South End Press dos EUA. [N. do E.] O título original deste capítulo, "Goals and Visions", foi dado pelo autor com o interesse de diferenciar objetivos de curto e longo prazo. Como em português não temos termos com estes significados distintos, escolhemos *metas* para os objetivos de curto prazo e *projetos* para os objetivos de longo prazo. [N. do T.]

imperfeitas, compreensões limitadas e, ainda que nossos projetos possam e devam servir de guias, eles são, na melhor das hipóteses, guias parciais. Eles não são claros nem estáveis, pelo menos para as pessoas que se preocupam com as consequências de seus atos. As pessoas sensatas irão buscar uma articulação clara dos projetos que as inspiram, por meio de avaliações críticas realizadas à luz da razão e da experiência prévia. Por enquanto, o significado disso é bem escasso, e não existem sinais de quaisquer mudanças nesse estado das coisas. Os *slogans* são cômodos, mas não ajudam muito quando decisões reais têm de ser tomadas.

As metas e os projetos podem parecer estar em conflito, e frequentemente estão. Mas não há contradição nisso, como creio que todos saibamos, levando em conta as costumeiras experiências. Deixe-me considerar meu próprio caso para ilustrar o que tenho em mente.

Meus projetos pessoais são completa e tradicionalmente anarquistas, fundamentados no Iluminismo e no liberalismo clássico. Antes de continuar, devo esclarecer o que quero dizer com isso. Não me refiro ao liberalismo clássico que foi reconstruído com propósitos ideológicos, mas ao liberalismo original, antes de ser destruído pela ascensão do capitalismo industrial, como coloca Rudolf Rocker em seu livro sobre o anarcossindicalismo, escrito há 60 anos — de maneira muito correta, a meu ver.[1]

Conforme o capitalismo de Estado desenvolveu-se nos tempos modernos, os sistemas ideológicos, políticos e econômicos foram sendo assumidos cada vez mais pelas enormes instituições da tirania privada, as quais estão mais próximas do ideal totalitário do que de quaisquer outros criados pelos humanos até agora. "Nas empresas", escreveu o economista político Robert Brady há meio século, "todas as políticas vêm de cima. Combinando esse poder de determinar as políticas e sua execução, toda autoridade necessariamente vem de cima para baixo e toda responsabilidade de baixo para cima. Isso é, naturalmente, o contrário do controle 'democrático' e segue as condições estruturais do poder ditatorial." "Aquilo que, nos círculos políticos, se chama poder legislativo, poder executivo e poder judiciário" centraliza-se em "autoridades controladoras", as quais, "no que diz respeito à formulação e à execução de políticas, encontram-se no topo da pirâmide e atuam sem um controle significativo por parte da base". Conforme o poder privado "cresce e se expande", transforma-se

[1]Rudolf Rocker. *Anarchosyndicalism*. Secker & Warburg, 1938; *Anarchism and Anarchosyndicalism* (ensaio anexado em P. Eltzbacher: Freedom Press, 1960).

"numa força política ainda mais potente, consciente" e mais dedicada a um "programa de propaganda" com "o objetivo de fazer com que o público adote [...] o ponto de vista da pirâmide de controle". Esse projeto, que já era essencial no período pesquisado por Brady, atingiu proporções impressionantes poucos anos mais tarde, conforme o empresariado americano buscava afastar as correntes social-democratas do pós-guerra, que também alcançavam os Estados Unidos, para ganhar o que os seus líderes chamaram de "a perpétua batalha pela mente dos homens", utilizando os enormes recursos da indústria de Relações Públicas, a indústria de entretenimento, a mídia empresarial e tudo mais que pudesse ser mobilizado pelas "pirâmides de controle" da ordem econômica e social. Esses são aspectos crucialmente importantes do mundo moderno; o que é bem demonstrado pelos poucos estudos atentos sobre o tema.[2]

As "instituições bancárias e as corporações endinheiradas", contra as quais advertiu Thomas Jefferson em seus últimos anos — prevendo que se elas não fossem controladas, tornar-se-iam uma forma de absolutismo que destruiria a promessa de uma revolução democrática —, desde então confirmaram suas mais terríveis expectativas. Elas tornaram-se amplamente irresponsáveis e cada vez mais imunes à interferência popular e à fiscalização pública, ao mesmo tempo lucrando muito e expandindo seu controle sobre a ordem global. Aqueles que fazem parte de sua estrutura de comando hierárquico recebem ordens dos de cima e dão ordens para os de baixo. Quem estiver fora deverá tentar alugar-se para este sistema de poder e terá poucas outras relações com ele (exceto ao comprar aquilo que ele vende, se possível). O mundo é mais complexo do que qualquer descrição simples, mas a descrição de Brady está hoje ainda mais próxima da realidade do que quando ele escreveu.

Deve ser acrescentado que o poder extraordinário que as corporações e instituições financeiras possuem não resultou de escolhas

[2]Brady. *Business as a System of Power*. Columbia, 1943. Sobre propaganda empresarial, cf. o trabalho pioneiro de Alex Carey, presente, de certa maneira, em seu *Taking the Risk out of Democracy*. UNSW, 1995; e sobre a América do pós-guerra, cf.: Elizabeth Fones-Wolf. *Selling Free Enterprise: the Business Assault on Labor and Liberalism, 1945–1960*. University of Illinois Press, 1995, o primeiro estudo acadêmico americano sobre o tema. Cf. também: William Puette. *Through Jaundiced Eyes: How the Media View Organized Labor*. Cornell University Press, 1992; William Solomon and Robert McChesney (orgs.). *New Perspectives in U. S. Communication History*. Minnesota, 1993; McChesney. *Telecommunications, Mass Media & Democracy*. Oxford, 1993.

populares. Ele foi forjado por cortes judiciais e advogados, no processo de construção de um Estado desenvolvimentista que serve aos interesses do poder privado, e estendido quando colocou um Estado contra outro pela busca de privilégios especiais — nada difícil para as grandes instituições privadas. Esse é o principal motivo pelo qual o atual Congresso, em grande medida dominado pelas empresas, busca devolver a autoridade federal aos estados, que são mais fáceis de ameaçar e manipular. Falo dos Estados Unidos, onde o processo foi bem estudado na academia. Vou manter-me nesse caso e sei que isso acontece de forma semelhante em outros lugares.

Tendemos a considerar as estruturas resultantes do poder imutáveis, praticamente como parte da natureza. Elas são tudo menos isso. Essas formas de tirania privada só chegaram a algo próximo de sua forma atual, concedendo direitos imortais a algumas pessoas, no início deste século. As concessões de direitos e a teoria jurídica que estão por trás delas têm origens, em grande medida, no mesmo campo intelectual que alimentou as outras duas maiores formas de totalitarismo do século XX: o fascismo e o bolchevismo. Não há razão para considerar essa tendência nos assuntos humanos mais permanente do que seus ignóbeis correlatos.[3]

É uma prática convencional limitar termos como "totalitário" e "ditatorial" ao poder político. Brady é notável pois não mantém essa convenção natural, que ajuda a esconder os centros de tomada de decisão. Esforços neste sentido podem ser esperados em qualquer sociedade que se baseie na autoridade ilegítima — ou seja, qualquer sociedade atual. É por isso que, por exemplo, as contas personalizadas, as falências, as práticas culturais vagas, não específicas, e coisas desse tipo são muito mais estudadas do que a estrutura e o poder das instituições poderosas.

Quando falo de liberalismo clássico, refiro-me às ideias que foram consideravelmente eliminadas pelas correntes emergentes da autocracia do capitalismo de Estado. Essas ideias sobreviveram (ou foram reinventadas) de várias maneiras na cultura de resistência às novas formas de opressão, servindo como um projeto inspirador para as lutas populares que expandiram consideravelmente o alcance da liberdade, da justiça e dos direitos. Elas também foram apropriadas, adaptadas e desenvolvidas pelas correntes da esquerda libertária. De

[3]A obra do historiador do Direito de Harvard, Morton Horwitz — que inclui *The Transformation of American Law, 1870–1960*, vol. II. Oxford, 1992 — esclarece particularmente essas questões.

acordo com o projeto anarquista, qualquer estrutura de hierarquia e de autoridade tem um grande dever de se justificar, quer ela envolva relações pessoais ou uma ordem social mais ampla. Se essa estrutura não puder ser justificada — algumas vezes pode —, ela é ilegítima, e deve ser desmantelada. Quando o questionamento é honestamente colocado e enfrentado, essa estrutura raramente pode justificar-se. Os verdadeiros libertários têm muito trabalho pela frente.

O poder de Estado e as tiranias privadas são exemplos fundamentais de limites extremos, mas essas questões surgem muito mais em outros domínios: nas relações entre pais e filhos, professores e estudantes, homens e mulheres, os que estão vivos e as gerações futuras que serão forçadas a viver com o resultado daquilo que fazemos; na realidade em quase todos os domínios. O projeto anarquista, em quase toda sua diversidade, vem buscando desmantelar o poder de Estado. Pessoalmente, eu compartilho desse projeto, ainda que isso contrarie diretamente minhas metas. Daí a tensão à qual me referi anteriormente.

Minha meta de curto prazo é defender, e até reforçar, elementos da autoridade do Estado que, embora sejam ilegítimos em seus fundamentos, são decisivamente necessários neste momento para impedir os esforços de ataque aos progressos que foram conseguidos em benefício da democracia e dos direitos humanos. A autoridade de Estado está agora sob severo ataque nas sociedades mais democráticas, mas não em benefício do projeto libertário. Justamente o oposto: porque ela oferece (fraca) proteção a alguns aspectos desse projeto. Os governos têm uma importante falha: diferente das tiranias privadas, as instituições de poder e a autoridade do Estado oferecem ao desprezado público uma oportunidade de desempenhar algum papel, ainda que limitado, na gestão de seus próprios assuntos. Esse problema é intolerável para os senhores que agora sentem, com alguma justificativa, que as transformações das ordens política e econômica oferecem as perspectivas para a criação de um tipo de "utopia dos senhores", com perspectivas funestas para a maioria do povo. Deveria ser desnecessário explicar o que eu quero dizer com isso, nos mínimos detalhes. Os efeitos são todos muito óbvios, mesmo nas sociedades ricas, nos corredores do poder, nas ruas, no interior do país e nas prisões. Por razões que merecem atenção, mas que estão para além do alcance dessas observações, a campanha de redução do escopo da autoridade de Estado é atualmente liderada por setores dominantes das sociedades em que os valores atacados vêm sendo realizados das maneiras mais avançadas no mundo de língua inglesa; sem pequenas ironias, mas também sem contradições.

É importante termos em mente que a realização do sonho utópico tem sido celebrada como uma perspectiva iminente desde o início do século XIX — voltarei rapidamente a esse período. Por volta dos anos 1880, o artista e socialista revolucionário William Morris escrevia:

> Sei que existe hoje a opinião de que o sistema competitivo ou "do demônio que pega quem ficar para trás" é o último sistema econômico que o mundo verá; que é a perfeição e que, portanto, o fim foi atingido, e é, sem dúvida, algo impertinente atacarem essa opinião, que me dizem ser sustentada até pelos homens mais instruídos.

Se a história estiver mesmo em seu fim, como foi confiantemente proclamado, então a "civilização irá morrer"; mas a história demonstra que as coisas não funcionam assim, adicionou ele. A esperança de que a "perfeição" estava à vista prosperou novamente nos anos 1920. Com forte apoio de quase todo o setor liberal, e certamente do mundo empresarial, o Pânico Vermelho de Woodrow Wilson minou com êxito os sindicatos e o pensamento independente, ajudando a estabelecer uma época de dominação empresarial, a qual se esperava ser permanente. Com a perda de força dos sindicatos, os trabalhadores não tinham poder e havia pouca esperança com o apogeu do *boom* automobilístico. A supressão dos sindicatos e dos direitos trabalhistas, levada a cabo diversas vezes com violência, chocou até mesmo a imprensa britânica de direita. Um visitante australiano, surpreendido com a fraqueza dos sindicatos americanos, observou que "a organização operária existe apenas por razão da tolerância dos empregadores [...]. Ela não tem intervenção real naquilo que determina as condições de trabalho na indústria." Novamente, os anos seguintes mostraram que as posições eram precipitadas. Estas fantasias que acontecem periodicamente produzem o modelo que as "pirâmides de controle" e seus agentes políticos buscam hoje reconstituir.[4]

No mundo de hoje, creio que as metas de um anarquista comprometido devam estar voltadas à defesa de algumas instituições do Estado que estão sob ataque e, ao mesmo tempo, à busca de que elas estejam abertas para uma participação pública mais significativa —

[4]Gary Zabel. *Art and Society: Lectures and Essays by William Morris*. George's Hill, Boston, 1993. Hugh Grant Adams, citado por Ronald Edsforth. *Class Conflict and Cultural Consensus*. Rutgers University Press, 1987, p. 29. Cf. também: Patricia Cayo Sexton. *The War on Labor and the Left*. Westview, 1991.

tendo por objetivo, finalmente, desmantelá-las, constituindo uma sociedade mais livre, se as circunstâncias apropriadas permitirem.

Certa ou errada — e essa é uma questão incerta para julgamento —, essa posição não é enfraquecida pelo aparente conflito entre as metas e os projetos. Esse conflito é um aspecto normal da vida cotidiana, a qual todos nós tentamos viver e da qual não temos como escapar.

Com isso em mente, eu gostaria de me voltar à questão mais ampla dos projetos. Isso é pertinente, particularmente hoje, contra os intensos esforços no sentido de reverter, enfraquecer e desmantelar os ganhos que foram conquistados por longas, e frequentemente dolorosas, lutas populares. As questões têm importância histórica e são muitas vezes encobertas pela distorção e pela falsidade das campanhas para "fazer com que o público adote o ponto de vista da pirâmide de controle". Dificilmente haveria melhor momento para retomar ideais e projetos que têm sido articulados, modificados, reformulados e, com frequência, transformados em seu oposto, durante o desenvolvimento da sociedade industrial e chegando a seu atual estágio, de grande ataque à democracia, aos direitos humanos e mesmo aos mercados. Ao mesmo tempo, o triunfo desses valores vem sendo sustentado por aqueles que os atacam — um processo que será reconhecido por aqueles que estão familiarizados com o que se costumou chamar de "propaganda", em tempos mais honestos. Esse é um momento interessante, em termos intelectuais, para as questões humanas e, ao mesmo tempo, ameaçador, do ponto de vista humano.

Deixe-me começar descrevendo um ponto de vista que foi articulado por dois dos principais pensadores do século XX, Bertrand Russell e John Dewey, os quais discordavam em muitas coisas, mas que compartilhavam um projeto que Russel chamava de "concepção humanística" — citando Dewey, a crença de que o "propósito fundamental" da produção não é a produção de bens, mas "de seres humanos livres, associados uns aos outros em termos de igualdade". A meta da educação, como coloca Russell, é "dar um senso de valor de outras coisas, além da dominação", ajudando a criar "cidadãos inteligentes numa comunidade livre" na qual, tanto a liberdade quanto a "criatividade individual" florescerão e os trabalhadores serão senhores de seus destinos e não instrumentos de produção. Deve-se esclarecer o que significa deslegitimar estruturas de coerção: crucialmente, a dominação pelos "negócios voltados ao lucro privado por meio do controle privado dos bancos, da terra, da indústria, e reforçados pelo controle da imprensa, dos agentes da imprensa e de outros meios de publicidade e propaganda" (Dewey). A menos que isso seja feito, prosseguia Dewey, falar de democracia não tem o menor sentido. A política permanecerá "sombra dos grandes interesses empresariais sobre a sociedade, e a atenuação dessa sombra não modificará a sua essência". As formas democráticas carecerão de conteúdo real e as pessoas não trabalharão "livre e inteligentemente, mas pelo trabalho remunerado", algo que é "avarento e imoral".

Em consequência, a indústria deve ser transformada "de uma ordem social feudalista para uma ordem democrática", baseada no controle operário, na livre associação e na organização federalista, no sentido geral de um tipo de pensamento que inclui, junto com muitos anarquistas, o socialismo corporativo de G. D. H. Cole[5] e também os marxistas de esquerda como Anton Pannekoek, Rosa Luxemburgo, Paul Mattick e outros. As opiniões de Russell eram bem similares em relação a isso.[6]

Os problemas da democracia foram o principal foco do pensamento e do engajamento direto de Dewey. Ele era claro sobre a América hegemônica, "tão americana quanto a torta de maçã", em sua conhecida frase. É, portanto, interessante que suas ideias expressadas há não muitos anos sejam consideradas hoje, por grande parte da cultura intelectual, estranhas, ou algo ainda pior. Se conhecidas, poderiam até mesmo ser denunciadas pelos setores mais influentes, acusadas de ser "antiamericanas".

A última frase, a propósito, é interessante e esclarecedora, assim como sua recente utilização. Essas opiniões são comuns em sociedades totalitárias. Nos tempos do stalinismo, por exemplo, os dissidentes e críticos eram condenados por serem "antissoviéticos", um crime intolerável; os generais neonazistas brasileiros, e outros como eles, tinham ideias similares. Mas o aparecimento dessas opiniões nas sociedades mais livres, nas quais a subordinação ao poder é voluntária e não forçada, é um fenômeno muito mais significativo. Em cada ambiente social que conserva ainda que somente a memória de uma cultura democrática, tais conceitos seriam considerados ridículos. Imagine a reação nas ruas de Milão ou de Oslo a um livro

[5]Ramificação do socialismo formulado na Grã-Bretanha no princípio do século XX para substituir o capitalismo. Seu principal representante foi o economista britânico George Douglas Howard Cole. [N. do T.]

[6]Cf., para discussão, meu texto "Russell Memorial Lectures". In: *Problems of Knowledge and Freedom*. Harper & Row, 1971. Sobre Dewey, cf. particularmente: *Robert Westbrook, John Dewey and American Democracy*. Cornell University Press, 1991.

com o título de *Anti-italianismo* ou *Os antinoruegueses*, denunciando fatos reais ou fabricados daqueles que não mostram o justo respeito pelas doutrinas da fé secular. Nas sociedades anglo-saxônicas, entretanto — incluindo a Austrália, conforme observei —, tais posturas são tratadas com seriedade e respeito nos círculos respeitáveis, um dos sinais de uma séria deterioração dos valores democráticos.

As ideias expressadas num passado não muito distante por notáveis personagens como Russell e Dewey estão radicadas no Iluminismo e no liberalismo clássico, e conservam seu caráter revolucionário: na educação, nos locais de trabalho e em todas as outras esferas da vida. Se implementadas, essas ideias ajudariam a iluminar o caminho rumo ao livre desenvolvimento dos seres humanos, cujos valores não são a acumulação e a dominação, mas a independência de pensamento e ação, a livre associação com igualdade e a cooperação para a realização de metas comuns. Tais pessoas compartilhariam o desprezo de Adam Smith pelos "meios" e pela "busca sórdida" dos "mestres da humanidade" e sua "máxima vileza": "Tudo para nós e nada para os outros"; princípios que nos ensinam a admirar e respeitar, da mesma forma que os valores tradicionais que estão se desgastando e sendo continuamente atacados. Eles entenderiam rapidamente o que levou um personagem pré-capitalista como Smith a advertir sobre as horríveis consequências da divisão do trabalho e a basear sua enfática defesa dos mercados, em parte, na crença de que, sob condições de "perfeita liberdade", existiria uma tendência natural à igualdade, uma aspiração óbvia de bases morais elementares.

A "concepção humanística", expressada por Russell e Dewey num período mais civilizado e conhecido pela esquerda libertária, está em descompasso radical com as principais correntes do pensamento contemporâneo: as ideias-guia totalitárias desenvolvidas por Lenin e Trotsky e as sociedades industriais do capitalismo de Estado ocidental. Um desses sistemas felizmente desmoronou, mas o outro está caminhando de vento em popa.

É importante reconhecer quão severo e dramático é o conflito de valores entre essa concepção humanística e aquilo que hoje impera: os ideais denunciados pela imprensa operária de meados do século XIX como "o novo espírito da época: fique rico, esquecendo-se de tudo, menos de si mesmo", a "máxima vileza" de Smith, uma doutrina humilhante e vergonhosa que nenhuma pessoa decente poderia tolerar. É relevante traçar a evolução dos valores de um personagem pré-capitalista como Smith, partindo de sua ênfase na simpatia, nos objetivos de liberdade com igualdade e nos direitos humanos básicos para o trabalho criativo e realizador, que chegam naqueles valores que frequentemente comemoram "o novo espírito da época", vergonhosamente invocando o nome de Smith. Deixemos de lado as vulgares atuações que constantemente desfiguram as instituições ideológicas. Consideremos, em vez disso, alguém que pode, minimamente, ser levado a sério, como o economista, ganhador do Prêmio Nobel, James Buchanan, que afirma que "o ideal da sociedade é a anarquia, na qual nenhum homem ou grupo de homens reprime os outros". Ele comenta, sustentando-se autorizadamente nos fatos:

> a situação ideal de qualquer pessoa é aquela que permite a completa liberdade de ação e impede o comportamento de outros de forma a forçar uma concordância com seus próprios desejos. Isso significa dizer que cada pessoa procura ter domínio sobre um mundo de escravos.[7]

Um pensamento que Adam Smith teria considerado patológico, assim como Wilhelm von Humboldt, John Stuart Mill, ou qualquer outro próximo da tradição liberal clássica — e esse é seu maior sonho, caso não tenham notado.

Uma intrigante ilustração do estado da cultura intelectual e de seus valores predominantes é o comentário sobre os difíceis problemas que temos no apoio às pessoas do Leste Europeu, agora finalmente libertadas, de maneira a estender a eles o afetuoso cuidado que temos esbanjado em outros lugares já há algumas centenas de anos. As consequências parecem muito claras numa comovente demonstração dos horrores ao redor do mundo, mas, milagrosa e felizmente, elas não ensinam as lições sobre os valores de nossa civilização e os princípios que guiam seus esplêndidos líderes; somente "antiamericanos" e outras pessoas desse tipo seriam loucos de sugerir que o registro consistente da história talvez merecesse uma olhadela. Agora há novas oportunidades para nosso benefício. Podemos ajudar as pessoas libertadas da tirania comunista chegarem ou ao menos se aproximarem, à abençoada condição dos bengaleses, haitianos, brasileiros, guatemaltecos, filipinos, indígenas de toda parte, escravos africanos e assim por diante.

Em 1994, o *New York Times* publicou uma série de artigos sobre como estão indo nossos pupilos. Um desses artigos, sobre a Alemanha Oriental, começa citando um padre que liderava protestos

[7]Buchanan. *The Limits of Liberty: Between Anarchy and Leviathan*. Chicago, 1975, p. 92.

populares contra o regime comunista. Ele descreve suas crescentes preocupações com o que estava acontecendo em sua sociedade: "A competição brutal e a cobiça pelo dinheiro estão destruindo nosso senso de comunidade. Quase todos sentem um pouco de medo, depressão ou insegurança", e também conhecem profundamente as lições ensinadas por nós aos povos retrógrados do mundo. Mas a reação deles não nos ensina nada.[8] O exemplo do qual todos estão orgulhosos é a Polônia, onde o "capitalismo tem sido mais bondoso" do que em outros lugares, noticia Jane Perlez com a manchete "Pistas rápidas e lentas na estrada capitalista": alguns poloneses já estão chegando lá, mas outros ainda são lentos alunos.[9]

Perlez dá exemplos de ambos os tipos. O bom aluno é proprietário de uma pequena fábrica que é um "próspero exemplo" do que há de melhor na Polônia capitalista moderna. Agradece os empréstimos sem juros do governo na sociedade de livre mercado que agora floresce; sua fábrica produz "deslumbrantes vestidos enfeitados com pérolas" e "complicados vestidos de noivas" vendidos, na maioria dos casos, para alemães e poloneses ricos. Entretanto, o Banco Mundial informa que a pobreza mais do que dobrou desde que as reformas foram realizadas, os salários reais caíram 30%, e, no final de 1994, esperava-se que a economia polonesa voltasse a 90% de seu Produto Interno Bruto do período pré-1989. Mas "o capitalismo tem sido mais bondoso": os famintos podem aproveitar os "sinais do consumo repentino", admirando os vestidos de noivas nas vitrines das lojas elegantes, os "carros estrangeiros com chapas polonesas" rasgando a estrada que liga Varsóvia a Berlim e as "novas-ricas com telefones celulares de 1300 dólares presos em suas pequenas bolsas".

"Deve-se ensinar às pessoas que elas têm de lutar por si mesmas e não podem confiar nas outras", explica uma consultora de empregos da República Tcheca. Preocupada com "a criação de uma ampla classe baixa", ela está dando treinamentos para ensinar atitudes apropriadas às pessoas que tinham "valores igualitários semeados em suas mentes", naqueles dias em que "o orgulhoso *slogan* costumava ser: 'Sou um mineiro, e quem é melhor do que eu'?". Os rápidos alunos agora sabem a resposta à essa questão: a ex-*nomenklatura*, composta de pessoas selvagemente ricas que se tornaram agentes de empresas estrangeiras, algo que naturalmente as favoreceu por razão de suas habilidades e experiências; os banqueiros instalados no

[8]Stephen Kinzer. NYT, 14 de outubro de 1994.
[9]NYT, 7 de outubro de 1994.

mundo dos negócios pela "*old boy network*";[10] as mulheres polonesas, que aproveitam os prazeres do consumo; os fabricantes de vestidos elegantes, que vêm sendo auxiliados pelo governo para exportar a outras mulheres ricas. Em suma, o tipo certo de gente.

Esses são os sucessos dos valores americanos. Em seguida estão os fracassos, que continuam na pista lenta. Perlez seleciona como exemplo um trabalhador de uma mina de carvão, de 43 anos, que "senta-se em sua sala de estar artesanalmente feita em madeira, admirando os frutos de seu trabalho realizado sob o comunismo — um aparelho de televisão, mobília confortável, uma moderna e lustrosa cozinha" — agora desempregado, depois de 27 anos nas minas e pensando nos anos anteriores a 1989. Eles "eram bons", diz ele, e "a vida era segura e confortável". Aluno lento, ele acredita que os novos valores são "incomensuráveis", e não consegue entender "por que está em casa, desempregado e dependendo dos benefícios do Estado", preocupado com seus dez filhos, perdendo a habilidade de "ficar rico, esquecendo-se de tudo, menos de si mesmo".

É compreensível, neste sentido, que a Polônia deva encontrar seu lugar na prateleira ao lado dos outros troféus, inspirando mais orgulho e autoaclamação.

A região está contaminada por outros lentos alunos, um problema que foi examinado num "relatório mundial" dos correspondentes do *Christian Science Monitor*, no antigo mundo comunista. Um empresário reclamou que "ofereceu a um amigo ucraniano 100 dólares por mês para ajudá-lo a cultivar rosas num pedaço de terra particular" (traduzindo: para trabalhar para ele). "Comparado aos quatro dólares que o homem recebia numa fazenda coletiva, era uma fortuna. Mas ele não aceitou a oferta." O rápido aluno atribui a irracionalidade a "uma certa mentalidade" que continua existindo mesmo após a vitória da liberdade: "Ele pensa, 'não vou abandonar o coletivo para ser seu escravo'". Os trabalhadores americanos têm sido infectados há tempos com essa mesma relutância de se tornarem escravos de alguém, até aqueles civilizados. Retornarei a esse assunto.

Moradores de um prédio em Varsóvia sofrem dessa mesma doença. Eles não querem ceder seus apartamentos a um industrial que diz ser o proprietário do prédio desde antes da Segunda Guerra Mundial, e pergunta: "Por que as pessoas devem ter lucro com algo sobre

[10]Rede informal que liga membros de determinada classe social, profissão ou organização, com o objetivo de estabelecer contatos, informações e favores. Funciona especialmente no ramo dos negócios e da política. [N. do T.]

o que não têm direito?". Há um "progresso de reformas significativo" para a superação dessas atitudes retrógradas, continua o relatório, ainda que "haja grande relutância para deixar os estrangeiros comprarem e venderem terras". O coordenador das iniciativas agrícolas apadrinhadas pelos EUA na Ucrânia explica: "Nunca haverá uma situação em que 100% das terras estejam em mãos privadas. Elas nunca viveram em democracia". Verdade, as paixões antidemocráticas não foram tão altas como no Vietnã, onde um decreto de 1995 "ajustou o relógio para trás": "Num tributo a Marx, o decreto tem como objetivo ajudar os vietnamitas, diminuindo o aluguel pago a alguns poucos privilegiados que possuem autorização para fazer negócios com suas terras", o que foi feito num esforço de atrair investimento estrangeiro. Se somente investidores estrangeiros e uma minúscula elite nacional pudessem comprar todo o país, os nativos poderiam trabalhar para eles (se tivessem sorte) e, finalmente, teríamos liberdade e "democracia", como na América Central, nas Filipinas e em outros paraísos libertados há muito tempo.[11]

Há muito tempo os cubanos têm sido repreendidos severamente pelos mesmos tipos de atraso. Ofensa levada ao extremo durante os jogos pan-americanos sediados nos Estados Unidos, quando os atletas cubanos não se sujeitaram a uma enorme campanha de propaganda que tinha por objetivo incentivá-los a desertar, incluindo generosas ofertas financeiras para que se tornassem profissionais. Eles disseram aos repórteres que tinham um compromisso com seu país e com seu povo. A fúria conheceu poucos limites sobre o impacto devastador da lavagem cerebral comunista e da doutrina marxista.

Felizmente, os americanos estão protegidos, pois, mesmo sob condições de pobreza impostas pelo boicote econômico dos EUA, os cubanos continuam recusando seus dólares para a realização de serviços domésticos, como consta no relatório dos visitantes, recusando-se a ser "seus escravos". Eles também não conseguem aceitar os resultados de uma pesquisa do Gallup, de 1994, considerada a primeira pesquisa independente e científica, publicada na mídia de língua espanhola de Miami e, aparentemente, em nenhum outro lugar: ela mostra que 88% disseram que tinham "orgulho de ser cubanos", 58% que "os sucessos da revolução superam as falhas", 69% identificaram-se como "revolucionários" (mas apenas 21% como "comunistas" ou "socialistas"), 76% disseram que estavam "satisfeitos com sua vida

[11]Justin Burke et al. *Christian Science Monitor*, 26 de julho de 1995.

pessoal" e 3% que os "problemas políticos" eram os problemas mais relevantes que o país enfrentava.

Se essas atrocidades comunistas fossem conhecidas, talvez fosse necessário atacar Havana com armas nucleares em vez de simplesmente tentar matar o maior número de pessoas possível de fome e de doenças, visando levar a "democracia" para lá. Esse tornou-se o novo pretexto para sufocar Cuba depois da queda do Muro de Berlim e as instituições ideológicas não perderam o ritmo com as mudanças. E Cuba já não era mais um agente do Kremlin, decidida a tomar conta da América Latina e conquistar os Estados Unidos, que tremiam com o terror. As mentiras de 30 anos podem ser tranquilamente arquivadas: terror e boicote econômico têm sempre sido tentativas de se promover a democracia, de acordo com a interpretação padrão reformulada. Portanto, devemos aumentar o embargo, que "tem contribuído para o aumento da fome, das doenças, das mortes e para uma das maiores epidemias neurológicas do mundo no século passado", de acordo com o que os especialistas de saúde escreveram nos periódicos médicos dos EUA em outubro de 1994. O autor de um deles diz: "Bem, o fato é que estamos matando pessoas", por negar a elas comida, remédios e equipamentos para que fabriquem seus próprios produtos médicos.

A "Lei de democracia cubana" de Clinton — a qual o presidente Bush inicialmente vetou, por razão das evidências de violação do direito internacional, e que depois foi assinada, quando Bush foi ultrapassado pela direita por Clinton, durante a campanha eleitoral — cortou o comércio de subsidiárias dos EUA com o exterior, 90% de sua comida, remédios e equipamento médico. Essa contribuição à democracia provocou um declínio considerável nos padrões de saúde cubanos, um aumento nas taxas de mortalidade e "a crise de saúde pública mais alarmante em Cuba nos tempos recentes", uma doença neurológica que foi observada em prisões tropicais no Sudeste Asiático na Segunda Guerra Mundial, de acordo com o antigo chefe de neuroepidemiologia do Instituto Nacional de Saúde, autor de um dos artigos. Para ilustrar os efeitos dessa medida, um professor de medicina da Columbia University menciona o caso de um sistema de filtragem de água sueco que Cuba adquiriu para produzir vacinas e que não pôde entrar no país pois algumas de suas peças haviam sido produzidas por uma empresa cuja propriedade era de americanos.

Dessa forma, negou-se as vacinas que salvam vidas para se levar a "democracia" aos sobreviventes.[12]

Os sucessos em "matar pessoas" e fazê-las sofrer são importantes. No mundo real, a Cuba de Fidel Castro era uma preocupação, não por causa de uma ameaça militar, dos abusos de direitos humanos ou da ditadura. Mas mais propriamente por razões profundamente enraizadas na história americana. Na década de 1820, como a tomada do continente estava caminhando velozmente, Cuba era respeitada pela possibilidade futura de liderança política e econômica. Isso é "um assunto de grande importância para os interesses comerciais e políticos dos Estados Unidos", advertiu o criador da Doutrina Monroe, John Quincy Adams, concordando com Jefferson e outros, que a Espanha deveria manter a soberania até que a ameaça britânica enfraquecesse, e Cuba caísse nas mãos dos EUA pelas "leis da gravidade política"; uma "fruta madura" para ser colhida, como aconteceu há um século. Em meados do século XX, a fruta madura era altamente valorizada pelos interesses agrícolas, pelos negócios de risco, entre outros. O roubo dessas posses dos EUA por Castro não foi adequadamente compreendido. Pior ainda, havia um risco de um "efeito dominó", em termos que poderiam ser significativos para pessoas que estavam sofrendo em outros lugares — os melhores serviços de saúde na América Latina, por exemplo. Temia-se que Cuba pudesse ser uma daquelas "maçãs podres" que "estragam toda a caixa", um "vírus" que poderia "infectar" os outros, na terminologia utilizada pelos gestores, que se preocupam pouco com crimes, mas muito com as manifestações.

Mas as pessoas dignas não se estendem sobre essas questões, e nem mencionam os fatos elementares sobre a campanha para a devolução da fruta madura ao seu legítimo dono desde 1959, incluindo a fase atual. Poucos americanos tiveram acesso ao material subversivo dos periódicos médicos de outubro de 1994, ou mesmo ao fato de que, no mesmo mês, a Assembleia Geral da ONU passou uma resolução pedindo o fim do embargo ilegal, por meio de uma votação que teve 101 votos favoráveis e dois contrários; os EUA contaram somente com Israel, tendo sido abandonados inclusive pela Albânia, pela Romênia

[12]Maria Lopez Vigil Poll. *Envío*. Jesuit University of Central America, Managua, junho de 1995. Colum Lynch. *Boston Globe*, 15 de setembro de 1994; aparentemente a única informação na grande imprensa. Cf. também: Alexander Cockburn. *Nation*, 7 de novembro de 1994.

e pelo Paraguai, que tinham se alinhado brevemente a Washington no momento de sua cruzada pela democracia, alguns anos antes.

A história oficial é que o Leste Europeu, finalmente libertado, pode agora se juntar às ricas sociedades ocidentais. Talvez; no entanto, pode-se questionar por que isso não aconteceu meio milênio antes, quando grande parte do Leste Europeu veio se deteriorando constantemente em comparação ao Ocidente, chegando, nesse século, a constituir parte do "Terceiro Mundo". Uma perspectiva distinta é que o *status quo* anterior poderá ser mais ou menos restabelecido: partes do império comunista, que antes pertenciam ao Ocidente industrial — países como a Polônia Ocidental, a República Tcheca e outros — irão gradualmente se juntar a ele, novamente, enquanto outros voltarão a situações anteriores, funcionando como zonas de serviços para o rico mundo industrial, o qual, obviamente, não escolheu esse caminho somente por sua única virtude. Como Winston Churchill observou, num documento submetido a seus colegas de gabinete em janeiro de 1914,

> não somos um povo jovem, inocente e de legado escasso. Nos apropriamos [...], em termos completamente desproporcionais, da riqueza e do comércio do mundo. Temos todo o território que queremos, e nossa reivindicação de nos deixarem gozar tranquilamente de nossas vastas e esplêndidas posses — as quais, em sua maioria, foram adquiridas por meio da violência, e, em grande medida, são mantidas pela força — parece cada vez menos aceitável para os outros do que para nós.

Na verdade, essa honestidade é rara na sociedade, ainda que a passagem fosse aceitável somente com a omissão de algumas dessas frases, conforme entendia Churchill. Ele disponibilizou publicamente esse documento nos anos 1920, durante a crise mundial, removendo as frases ofensivas.[13]

Também é instrutivo observar a estrutura dentro da qual o desastre do comunismo é retratado. O fato de o comunismo ser uma monstruosidade nunca foi questionado, e evidenciou-se, desde o primeiro momento, para os anarquistas e as pessoas com opiniões independentes, como Russell, Dewey e os marxistas de esquerda, algo que, de fato, havia sido previsto por muitos deles anteriormente. O colapso dessa tirania não poderia ser outra coisa senão uma ocasião para a alegria daqueles que valorizam a liberdade e a dignidade humana. Mas considere uma questão mais específica: a prova de

[13]Clive Ponting. *Churchill*. Sinclair-Stevenson, 1994, p. 132.

que a economia planificada era um fracasso catastrófico afirma os excelentes méritos do capitalismo. Simplesmente compare a Alemanha Ocidental, a França, a Inglaterra e os Estados Unidos com a União Soviética e seus satélites. QED.[14] O argumento geralmente não é mais do que um reflexo intelectual, tão obviamente válido a ponto de não ser notado, constituindo-se como pressuposto de todas as investigações posteriores.

É um interessante argumento, com ampla aplicabilidade. Pela mesma lógica, pode-se, por exemplo, demonstrar o enorme fracasso dos jardins de infância de Cambrige, Massachussetts, e o grande sucesso do MIT com a simples comparação entre o conhecimento em física quântica das crianças do primeiro grau e os Phds do MIT. QED.

Alguém que divulga esse argumento deveria buscar um tratamento psiquiátrico. A falácia é muito óbvia. Para realizar uma avaliação sensata, seria necessário comparar os alunos dos jardins de infância de Cambridge com crianças do mesmo nível. A mesma racionalidade elementar exige que, para avaliarmos a economia planificada soviética e compará-la à alternativa capitalista, devemos comparar os países do Leste Europeu com todos aqueles que eram como eles quando o "experimento" com os dois modelos de desenvolvimento iniciou-se. Obviamente, não podemos compará-la com o Ocidente, pois é necessário voltarmos meio milênio no tempo para chegarmos à época em que havia similaridade com o Leste Europeu. Uma comparação adequada poderia ser realizada entre a Rússia, o Brasil, a Bulgária ou a Guatemala, apesar disso ser injusto com o modelo comunista, o qual nunca usufruiu das vantagens dos países satélites dos EUA. Se fizermos uma comparação racional, concluiremos, na realidade, que o modelo econômico comunista era um desastre e que o modelo ocidental é um fracasso ainda maior. Existem nuanças e complexidades, mas as conclusões básicas são bastante reais.

É intrigante ver como questões tão elementares não podem ser compreendidas e observar a reação aos esforços de se examinar a questão, os quais também não podem ser compreendidos. O exercício nos oferece algumas proveitosas lições sobre os sistemas ideológicos das sociedades livres.[15]

[14]Do latim, *quod erat demonstrandum* — expressão usada para indicar o fim de um argumento ou demonstração alegadamente procedente. [N. do T.]

[15]Para alguns esforços de comparação e revisões da escassa literatura sobre o tema, cf. meus: *Year 501*. South End, 1993; *World Orders, Old and New*. Columbia, 1994. Omitirei a reação, embora ela seja de algum interesse.

O que acontece agora em grande parte do Leste Europeu, em certo sentido, resume a história de regiões do mundo que foram empurradas para os serviços, campo no qual muitos permanecem, com exceções relevantes. Isso também permite nos colocarmos ao lado de uma longa, interessante e importante vertente da história das próprias sociedades industriais. A América moderna foi "criada por razão dos protestos de seus trabalhadores", aponta o professor de história do trabalho da Universidade de Yale, David Montgomery. Protestos que foram vigorosos e sinceros, dando-se paralelamente à "violentas lutas". Houve algumas vitórias duramente conquistadas, que se intercalaram com uma acomodação forçada a "uma América mais antidemocrática", particularmente nos anos 1920, observa ele, quando parecia que "a casa do trabalho" havia "caído".

A voz dos trabalhadores foi articulada clara e ativamente na imprensa operária e comunitária, que prosperou a partir da metade do século XIX até a Segunda Guerra Mundial, ou mesmo além disso, e que foi destruída finalmente pelo Estado e pelo poder privado. Recentemente, nos anos 1950, 800 jornais operários continuavam atingindo de 20 a 30 milhões de pessoas, buscando — em suas palavras — combater a ofensiva empresarial que tinha por objetivo "vender aos americanos as virtudes do grande capital", evidenciar o ódio racial e "todos os tipos de ações e expressões antidemocráticas" e fornecer "antídotos para os piores venenos da imprensa conservadora", a mídia comercial, que tinha a tarefa de "condenar o mundo do trabalho em toda oportunidade e também encobrir os pecados dos industriais e banqueiros magnatas, que realmente controlam a nação".[16]

Os movimentos populares de resistência à autocracia capitalista de Estado e suas eloquentes vozes podem nos ensinar bastante sobre as metas e os projetos das pessoas comuns, sobre as suas compreensões e aspirações. O primeiro estudo importante sobre a imprensa operária de meados do século XIX (no meu conhecimento, continua a ser o único) foi publicado há 70 anos por Norman Ware. Ler esse livro hoje é muito esclarecedor, ou seria, se ele fosse conhecido. Ele aborda, cuidadosamente, os periódicos organizados e geridos pelos mecânicos e pelas "garotas de fábrica", nas cidades industriais próximas de

[16]Montgomery. *The Fall of the House of Labor*. Yale, 1987, p. 7; Jon Bekken. In: Solomon and McChesney. Op. cit.; Fones-Wolf. Op. cit. Sobre os mesmos desenvolvimentos na Inglaterra alguns anos depois, cf.: Edward Herman, Noam Chomsky. *Manufacturing Consent*. Pantheon, 1988, cap. 1.2.

Boston, "a Atenas da América" e o lugar onde estão suas melhores universidades. As cidades continuam a existir, muito desmoralizadas e decadentes. Porém, não muito diferentes dos inspiradores projetos das pessoas que as construíram e lançaram as bases para a riqueza e o poder americanos.

Os periódicos mostram quão divergentes e intolerantes eram os sistemas de valor que o poder privado exigia dos trabalhadores, os quais, por meio da resistência, recusaram-se a abandonar sentimentos humanos comuns. O "novo espírito da época" que eles condenavam amargamente "era repugnante para uma espantosa parte da antiga comunidade americana", escreve Ware. A principal razão era "a decadência do trabalhador industrial como pessoa", a "mudança psicológica", a "perda de dignidade e de independência", a perda dos direitos democráticos e das liberdades, valores do capitalismo industrial que eram impostos pelo Estado e pelo poder privado, por meio da violência, caso fosse necessário. Os trabalhadores lamentavam a "degradação e a perda daquele respeito próprio, que fez dos mecânicos e dos trabalhadores o orgulho do mundo", a decadência cultural, a deterioração de habilidades e realizações e mesmo a simples dignidade humana, conforme eles foram sendo submetidos ao que chamaram de "escravidão assalariada", não muito diferente da escravidão pessoal levada a cabo no Sul. Sentiam-se forçados, a vender não aquilo que produziam, mas a si próprios, tornando-se "servos" e "meros objetos" dos "déspotas". Descreviam a destruição do "espírito das livres instituições", com os trabalhadores reduzindo-se a um "estado de servidão", no qual viam "uma aristocracia endinheirada pairando sobre nós como uma poderosa avalanche que ameaça aniquilar qualquer homem que se atreva a questionar seu direito de escravizar e de oprimir os pobres e os desventurados". E dificilmente eles não conheceriam as condições materiais em suas casas ou na grande Boston, onde a expectativa de vida para os irlandeses, em 1849, era de 14 anos.

Particularmente dramático — e muitas vezes relevante para o violento ataque que se vem levando a cabo contra a democracia e os direitos humanos — foi o brusco declínio dessa alta cultura. As "garotas de fábrica", oriundas das fazendas de Massachusetts, acostumaram a passar seu tempo com a leitura de literatura clássica e contemporânea. Os artesãos independentes, quando tinham um pouco de dinheiro, contratavam um garoto para ler a eles enquanto trabalhavam. Não foi fácil tirar esses pensamentos da cabeça das pessoas, o que possibilitou a um respeitado comentarista ridicularizar ideias sobre a democratização da internet, a qual permitiria o acesso dos menos privilegiados:

"Pode-se pensar que os pobres fariam circular todas as informações que quisessem sobre as coisas de hoje. Poderiam até mesmo, em muitos casos, resistir aos esforços das escolas, das bibliotecas e da mídia informativa de mantê-los bem informados. Na realidade, essa resistência frequentemente ajuda a explicar por que eles são pobres",[17] juntamente com seus genes defeituosos, sem dúvida. A reflexão foi considerada tão profunda, que foi destacada pelos editores.

A imprensa operária também condenava aquilo que chamava de "clero comprado" da mídia, das universidades e da classe intelectual, defensor de um poder que buscava justificar o despotismo, e que, de certa forma, fortalecia seu controle e propagava seus degradantes valores. "As fábricas deveriam pertencer aos que nela trabalham", escreveram os trabalhadores sem o auxílio de intelectuais radicais. Com isso, eles superariam os "princípios monárquicos" que estavam se enraizando "nas terras democráticas". Anos mais tarde, isso se tornou uma palavra de ordem coletiva do movimento operário organizado, mesmo dos setores mais conservadores. Num discurso bastante conhecido, realizado num piquenique sindical, Henry Demarest Lloyd declarou que a "missão do movimento operário é libertar o homem das superstições e dos pecados do mercado e abolir a pobreza, que é o fruto desses pecados. Essa meta pode realizar-se com a extensão dos princípios democráticos da política para a economia".

Os trabalhadores devem determinar as horas de trabalho, as condições de emprego, a divisão da produção", enfatizou ele naquilo que David Montgomery chama de "um chamado clarinante à convenção da American Federation of Labour (AFL) de 1893". É pelos próprios trabalhadores, continuava Lloyd, que "os chefes de indústria devem ser escolhidos, e devem ser escolhidos para ser funcionários e não mestres. É em favor do bem-estar geral que o trabalho coordenado de todos deve ser realizado [...]. Isso é a democracia."[18]

Claramente, essas ideias são familiares para a esquerda libertária, pois são radicalmente contrárias às doutrinas dos sistemas dominantes de poder, sejam eles chamados de "esquerda", de "direita" ou de

[17]George Melloan. *Wall Street Journal*, 16 de maio de 1994.

[18]Norman Ware. *The Industrial Worker 1840–1860*. Chicago: Ivan Dee, 1990, reimpressão da edição de 1924; David Montgomery. *Citizen Worker*. Cambridge, 1993.

"centro" — termos bastante sem sentido no discurso contemporâneo. Recentemente tais ideias deixaram de existir, e não é a primeira vez que isso acontece, e podem ser recuperadas, voltando a ser o que eram antes.

Tais valores também teriam sido compreendidos pelos criadores do liberalismo clássico. Como na Inglaterra, tempos atrás, as reações dos trabalhadores nas cidades industriais da Nova Inglaterra demonstraram a acuidade da critica à divisão do trabalho de Adam Smith. Adotando as ideias clássicas do Iluminismo sobre a liberdade e a criatividade, Smith reconhecia que a "inteligência da maior parte dos homens se forma necessariamente no decorrer de sua ocupação do dia a dia". Por isso,

> um homem que passa toda a vida a executar um pequeno número de operações simples, não tem nenhuma condição de desenvolver a sua inteligência, nem de exercitar sua imaginação, seu conhecimento [...] e torna-se, em geral, muito estúpido e ignorante [...]. Em toda sociedade desenvolvida e civilizada essa é a condição a que ficam necessariamente reduzidos os pobres que trabalham, isto é, a grande massa do povo que deve necessariamente ser rebaixada, a não ser que o governo realize esforços para prevenir que isso aconteça.

Algo que deveria ser realizado para impedir o destrutivo impacto das forças econômicas, notou ele. Se um artesão que é comandado produz um maravilhoso objeto — escreveu Wilhelm von Humboldt, num trabalho clássico que inspirou Mill —, "podemos admirar o que ele faz, mas desprezamos o que ele é": não um ser humano livre, mas um mero dispositivo nas mãos de outros. Por razões semelhantes, "o trabalhador que cuida de um jardim é, talvez, num sentido mais correto, mais dono desse jardim do que o proprietário, indiferente e hedonista, que usufrui de seus frutos". Conservadores genuínos continuaram a afirmar que as forças de mercado destruiriam aquilo que tivesse valor na vida humana, a não ser que fossem rapidamente contidas. Alexis de Tocqueville, endossando Smith e von Humboldt, meio século antes, perguntou retoricamente: O que "se pode esperar de um homem que tenha gasto 20 anos de sua vida fazendo cabeças para alfinetes?". "O método avança, o artesão regride", comentou ele. Assim como Smith, ele valorizava a igualdade de condições, reconhecendo-a como o fundamento da democracia americana e advertindo que se a "desigualdade permanente de condições" existir sempre, "a aristocracia da produção que está crescendo sob nossos olhos", e que "é uma das coisas mais cruéis que já existiram no mundo", pode ir além de seus limites, resultando no fim da democracia. Jefferson também considerou essa proposta fundamental, dizendo que "a pobreza estendida sobre uma vasta área e a riqueza concentrada não podem existir lado a lado numa democracia".[19]

Foi apenas no recente século XIX que as forças de mercado destrutivas e desumanas, condenadas pelos criadores do liberalismo clássico, foram promovidas a objetos de veneração, suas inviolabilidades foram estabelecidas, com a certeza da "lei da gravitação", por Ricardo e outros economistas clássicos como contribuições à luta de classes que acontecia na Inglaterra em sua fase de industrialização — doutrinas que estão agora sendo ressuscitadas como "a perpétua batalha pela mente dos homens" e sendo promovidas com intensidade e crueldade renovadas.

Deve ser observado que, no mundo real, essa contrapartida econômica às leis de Newton teve atenção, na prática, da mesma maneira que vem tendo hoje. Os raros estudos sobre o tema feitos por historiadores da economia estimam que aproximadamente metade do setor industrial da Nova Inglaterra teria encerrado as atividades se a economia fosse aberta aos produtos muito mais baratos da indústria britânica, que estava sendo organizada e sustentada amplamente pelo poder de Estado. Muito disso é verdade ainda hoje, algo que será rapidamente descoberto por qualquer um que deixe de lado as sombras da retórica e olhe para a realidade do "liberalismo econômico" e para os "valores empresariais" que ela promove.

John Dewey e Bertrand Russell são dois dos herdeiros, no século XX, dessa tradição, com raízes no Iluminismo e no liberalismo clássico, que apreenderam, mais brilhantemente, creio eu, a inspiradora memória da luta, da organização e do pensamento de mulheres e homens trabalhadores, procurando também manter e expandir a esfera de liberdade e justiça em relação ao novo despotismo e ao poder privado com apoio estatal.

[19]Sobre von Humboldt, cf. meus livros: *Cartesian Linguistics*, Harper & Row, 1966; *Language and Freedom*, 1969, republicado em *For Reasons of State*, Pantheon, 1973; James Peck (org.). *The Chomsky Reader*. Pantheon, 1987. Cf. também o meu *Problems of Knowledge and Freedom*. Sobre Smith, cf.: Patricia Werhane. *Adam Smith and His Legacy for Modern Capitalism*. Oxford, 1991; e o meu *Year 501*. Sobre Tocqueville e Jefferson, cf.: John Manley. "American Liberalism and the Democratic Dream". In: *Policy Studies Review*, 1990; "The American Dream". In: *Nature, Society, and Thought*, 1988.

Uma questão básica foi formulada por Thomas Jefferson, em seus últimos anos, quando observou o crescimento dessa nova "aristocracia da produção", que tinha alarmado Tocqueville. Muito preocupado com o destino do experimento democrático, ele fez uma distinção entre os "aristocratas" e os "democratas". Os "aristocratas" são "aqueles que temem e desacreditam as pessoas, desejando retirar delas todo poder e colocá-lo nas mãos das classes altas". Os democratas, em contraste, "identificam-se com as pessoas, confiam nelas, estimam e as consideram as depositárias mais honestas e seguras do interesse público", se não sempre "as mais sábias". Os aristocratas daqueles dias eram os defensores do Estado capitalista em ascensão, o qual Jefferson julgava temerosamente, reconhecendo a contradição óbvia entre a democracia e o capitalismo — ou, mais exatamente, "o capitalismo realmente existente", ligado intimamente ao poder de Estado.

A descrição de Jefferson dos "aristocratas" foi desenvolvida mais adiante por Bakunin, que previu que a "nova classe" de intelectuais seguiria um de dois caminhos paralelos. Ela buscaria aproveitar-se das lutas populares para tomar o poder do Estado, tornando-se uma "burocracia vermelha", responsável pela imposição do regime mais cruel e vicioso da história. Ou compreenderia que o poder está em outro lugar e oferece a ela, assim como ao seu "clero comprado", a possibilidade de servir a verdadeiros mestres, como gestores ou defensores das democracias capitalistas de Estado que "espancam o povo com o porrete popular".

Essa foi uma das poucas previsões das ciências sociais que se confirmaram de maneira tão dramática. Somente por essa razão ela mereceria um lugar de honra dentre os famosos cânones, ainda que tenhamos de esperar muito tempo por isso.

Existe, creio eu, uma misteriosa similaridade entre o período atual e os dias em que a ideologia contemporânea — que agora é chamada de "neoliberalismo" ou de "racionalismo econômico" — estava sendo concebida por Ricardo, Malthus e outros. Sua tarefa era demonstrar para as pessoas que, ao contrário do que acreditavam, elas não tinham direitos. Na realidade, isso é provado pela "ciência". O grave erro intelectual da cultura pré-capitalista era a crença de que as pessoas têm um lugar na sociedade e que esse lugar é justo. Ainda que seja um lugar detestável, pelo menos é um lugar. A nova ciência demonstrou que o conceito do "direito à vida" era uma simples falácia. Ele tinha de ser pacientemente explicado para as pessoas mal orientadas: elas não tinham direitos outros além do direito de tentar a sorte no mercado. Uma pessoa que não tem vontade suficiente para sobreviver no mercado de trabalho "não tem o direito de reivindicar a menor quantidade de comida, e, de fato, não se preocupa por estar onde está", declarou Malthus num influente trabalho. Isso é um "grande mal" e uma violação da "liberdade natural" de iludir os pobres que eles têm mais direitos, apoiou Ricardo, insultado com esse ataque aos princípios da ciência econômica, à racionalidade elementar e aos princípios morais, não menos exaltados. A mensagem é simples. Você tem uma livre escolha: o mercado de trabalho, a prisão do trabalho de casa, a morte ou ir para algum outro lugar — o que era possível quando grandes áreas vinham sendo abertas graças à exterminação e à expulsão de populações indígenas, não exatamente por razão dos princípios de mercado.

Ninguém superou os fundadores da ciência em sua devoção à "felicidade das pessoas". Eles também defendiam algumas extensões de privilégios com essa finalidade: "Na realidade, não universalmente para todos, mas para aqueles que julgamos não ter qualquer interesse na destruição do direito de propriedade", explicou Ricardo, adicionando que, mesmo as restrições mais duras poderiam ser apropriadas, caso se evidenciasse que "limitar severamente o direito de voto ao mínimo possível" garantiria mais "segurança para uma boa escolha de representantes".

Existe um amplo registro de pensamentos similares nos dias atuais.[20]

É conveniente recordar o que aconteceu quando as leis do racionalismo econômico foram formuladas e impostas, a partir do conhecido método dualista: disciplina de mercado para os fracos e auxílio do Estado, quando necessário, para proteger os ricos e privilegiados. Por volta dos anos 1830, a vitória da nova ideologia foi substancial, a qual estabeleceu-se mais firmemente alguns anos depois. No entanto, havia um pequeno problema. As pessoas não aceitavam o fato de não terem direitos intrínsecos. Sendo tolas e ignorantes, não compreendiam a simples verdade: eles não tinham o direito de viver, reagindo com a utilização de todos os tipos de métodos irracionais. Por algum tempo, o exército britânico teve de investir boa parte de sua energia contendo protestos. Mais tarde as coisas tomaram proporções mais ameaçadoras. As pessoas começaram a se organizar. O movimento

[20]Rajani Kanth. *Political Economy and Laissez-Faire*. Rowman and Littlefield, 1986. Para ajudar na discussão, cf. meu *World Orders*.

cartista e, depois, o movimento operário tornaram-se forças significativas. Naquele momento, os senhores começaram a ter medo, vendo que poderiam negar o direito à vida aos movimentos, mas que os movimentos também poderiam negar-lhes o direito de dar as ordens. Algo tinha de ser feito.

Felizmente, havia uma solução. A "ciência", um pouco mais flexível que Newton, começou a mudar. Por volta de meados do século, ela tinha sido substancialmente reformulada por John Stuart Mill e por personagens relevantes como Nassau Sênior, outrora um pilar de ortodoxia. Ela aceitou a ideia de que a lei da gravitação, naquele momento, incluía os fundamentos daquilo que lentamente se tornou o Estado capitalista de bem-estar, com um tipo de contrato social estabelecido por meio de uma longa e dura batalha, que contou com muitas derrotas, mas também com vitórias significativas.

Há agora um esforço para reverter essa história e voltar aos felizes dias em que os princípios do racionalismo econômico prevaleciam sumariamente, demonstrando gravemente que as pessoas não têm direitos além daqueles que podem adquirir no mercado de trabalho. E já que não é mais possível "ir para algum outro lugar", as escolhas estão reduzidas à prisão do trabalho em casa ou à fome, como se fosse uma lei natural, revelando que qualquer esforço de ajuda aos pobres somente os prejudica. Os ricos, no entanto, são milagrosamente ajudados. O que aconteceu, por exemplo, quando o poder de Estado interveio para socorrer os investidores depois do colapso do tão falado "milagre econômico" mexicano, quando socorreu bancos e indústrias que ameaçavam quebrar e quando impediu que o Japão exportasse para os mercados americanos, permitindo que as corporações nacionais reconstruíssem as indústrias eletrônica, automotiva e metalúrgica, durante os anos 1980 (em meio à comovente retórica sobre os livres mercados propagada pela administração mais protecionista da era do pós-guerra e seus aliados). Isso, entretanto, é absolutamente supérfluo. O restante do mundo deve submeter-se aos rígidos princípios do racionalismo econômico, que algumas vezes é chamado de "amor severo", por aqueles que gerenciam os lucros.

Infelizmente, isso não é uma caricatura. Na realidade, a caricatura raramente é possível. Recordemos os comentários desesperados de Mark Twain, em seus ensaios anti-imperialistas (bastante ignorados, por sinal), sobre sua incapacidade de satirizar um dos admirados heróis da matança dos filipinos: "Nenhuma sátira de Funston poderia chegar à perfeição, porque Funston é o próprio cúmulo, [...] [ele é] a verdadeira sátira".

Aquilo que está sendo noticiado suavemente nas primeiras páginas dos periódicos traria à tona o ridículo e o horror de uma sociedade que possui uma cultura intelectual genuinamente democrática e livre. Consideremos apenas um exemplo, ocorrido na capital econômica dos países mais ricos do mundo: Nova York. Seu prefeito, Rudolph Giuliani, enfim foi claro sobre suas políticas fiscais, o que incluía a alteração radicalmente regressiva da carga de impostos: redução dos impostos que incidem sobre os ricos ("todos os cortes de impostos do prefeito beneficiam o mundo empresarial", informou o *New York Times* em pequenas letras) e aumento dos impostos que incidem sobre os pobres (ocultado no aumento de preço das passagens para estudantes e trabalhadores, no preço mais alto na educação das escolas da cidade etc.).

Juntamente com severos cortes nos fundos públicos, que servem às necessidade das pessoas, essas políticas devem ajudar os pobres a deslocarem-se para outros lugares, explicou o prefeito. Essas medidas "possibilitariam que eles se mudassem livremente pelo país". A notícia foi dada pelo *Times* com a manchete: "Giuliani considera que o corte de medidas assistenciais possibilita a mudança".[21]

Em resumo, aqueles que eram protegidos pelos sistemas assistenciais e utilizavam os serviços públicos estavam, enfim, libertados de suas algemas, da maneira advertida pelos criadores das doutrinas do liberalismo clássico, por meio de seus teoremas rigorosamente demonstrados. E tudo isso só lhes beneficia, comprova a ciência recém-reconstituída. Já que admiramos o grandioso palácio da racionalidade real, a compaixão pelos pobres enche nossos olhos de lágrimas.

Aonde irão as massas libertadas? Talvez para as favelas dos subúrbios, podendo, então, ser "livres" para, de alguma maneira, voltar a realizar o trabalho sujo em benefício daqueles que podem aproveitar a cidade mais rica do mundo — a qual possuía mais desigualdade que a Guatemala e na qual 40% das crianças viviam abaixo da linha de pobreza, mesmo antes dessas novas medidas de "amor severo" serem instituídas.

Corações sangrando, que não são capazes de compreender os favores que estão sendo desperdiçados pelos pobres, devem ao menos

[21]David Firestone. NYT, 29 de abril; sobre os cortes de impostos, cf.: Steven Lee Myers. NYT, 28 de abril de 1995.

ser capazes de ver que não há alternativa. "A lição dos próximos anos poderá ser que Nova York simplesmente não é rica ou economicamente suficiente para arcar com o amplo setor público criado no período pós-Grande Depressão" — é o que aprendemos com uma versada opinião, retratada em outro artigo estampado na primeira página do *Times*. A perda de vitalidade econômica é suficientemente real e resulta, em parte, dos programas de "desenvolvimento urbano" que eliminaram uma significativa base da indústria em favor do setor financeiro, o qual está em expansão.

A riqueza da cidade é outra questão. A versada opinião à qual se refere o *Times* é a notícia dos investidores da empresa de investimentos J. P. Morgan, a quinta no *ranking* dos bancos comerciais na lista dos 500 da *Fortune* de 1995, tendo um singelo lucro de 1,2 bilhão de dólares, em 1994. Na verdade, não foi um grande ano para a J. P. Morgan, se comparado com o aumento "formidável" de lucros de 54%, com um mero aumento de 2,6% dos empregos e de 8,2% das vendas em "um dos anos mais lucrativos para as empresas americanas", conforme noticiou triunfante a *Fortune*. A imprensa empresarial comemorou outro "ano proeminente para os lucros empresariais dos EUA", ao passo que "a renda familiar nos EUA parece ter realmente caído", pelo 4° ano consecutivo de crescimentos de dois dígitos nos lucros e pelo 14° ano seguido de diminuição nos salários reais. Os 500 da *Fortune* atingiram novos picos de "força econômica", com receitas próximas a dois-terços do Produto Interno Bruto, maiores que as da Alemanha ou da Inglaterra, sem falar em seu poder sobre a economia global — uma impressionante concentração de poder nas mãos das irresponsáveis tiranias privadas. Outro ataque à democracia e aos mercados é bem recebido.[22]

Vivemos em "tempos pobres e ruins", e todos devem apertar os cintos; assim continua o mantra. Na realidade, o país está inundado de capital, com "ondas de lucros" que estão "inundando os cofres da América empresarial", conforme relata alegremente a *Business Week*, antes das formidáveis notícias sobre a quebra de recordes do último trimestre de 1994, que envolveu uma "fenomenal melhoria de 71%" das 900 companhias que estão no "Placar empresarial" da *Business Week*. Em tempos tão difíceis em todos os lugares, quais poderiam ser as escolhas para além de "possibilitar a mudança" das massas agora libertadas? [23]

[22]*Fortune*, 1 de maio, 15 de maio; *Business Week*, 6 de março de 1995.

[23]*Business Week*, 30 de janeiro; 15 de maio de 1995.

"Amor severo" é exatamente a expressão correta: amor para os ricos e privilegiados, e severidade para todo o resto. A campanha de redução dos aspectos sociais, econômicos, políticos e ideológicos explora oportunidades proporcionadas por mudanças significativas do poder nos últimos 20 anos, ainda que entre as mãos dos próprios senhores. O nível intelectual do discurso predominante é péssimo, e o nível moral, grotesco. Porém, a avaliação das perspectivas que estão por trás deles não é fantasiosa. Essa é, creio eu, a situação em que nos encontramos agora, e a partir dela podemos elaborar metas e projetos.

Da mesma forma que no passado, é possível escolher ser um democrata, no sentido colocado por Jefferson, ou um aristocrata. Escolher ser um aristocrata traz valiosas recompensas, levando em conta a riqueza, o privilégio, o poder e os fins naturalmente buscados. O outro caminho é o da luta, muitas vezes derrotado, mas que também oferece uma recompensa que não pode ser imaginada por aqueles que cedem ao "novo espírito da época: fique rico, esquecendo-se de tudo, menos de si mesmo".

O mundo de hoje está longe daquele concebido por Thomas Jefferson ou pelos trabalhadores de meados do século XIX. As chances que ele oferece, no entanto, não se modificaram em nenhum aspecto fundamental.

Tradução: Felipe Corrêa

ANARQUISMO, INTELECTUAIS E ESTADO[†]

Você foi convidado para vir ao Brasil pela ABRALIN *(Associação Brasileira de Linguística), como linguista. Por que você dedicou parte de sua agenda para o encontro com movimentos sociais?*

Eu sempre faço isso. Eu creio que já faz 40 anos que tenho rodado o mundo para dar palestras sobre Linguística. Sempre combino as atividades. Na verdade, em geral, busco os movimentos sociais e políticos e dou as palestras de Linguística paralelamente, sobre um assunto de interesse. Assim, se dou uma palestra nos Estados Unidos, por exemplo, para um movimento social no Colorado, ela normalmente casa com uma atividade do departamento de Linguística que cobre os custos da viagem. Mas esta atividade é sempre secundária. Não há nada de extraordinário nisso. Na verdade, os convites vêm de muitos grupos.

ANARQUISMO E ESTADO

No artigo "Metas e Projetos" de seu novo livro Powers and Prospects, *você diz que, como anarquista, seu objetivo de longo prazo é abolir o Estado, mas sua "meta de curto prazo é defender, e até reforçar, elementos da autoridade do Estado [...] para impedir os esforços de ataque aos progressos que foram conseguidos em benefício da democracia e dos direitos humanos". O que você quer dizer com fortalecer o Estado? Você quer dizer participação efetiva no Estado, por exemplo, votando nos Democratas ou no Partido dos Trabalhadores? Se não, como você separa as coisas?*

Isso foi uma palestra numa conferência anarquista e, do meu ponto de vista, os movimentos libertários têm sido muito limitados ao aderir à doutrina de maneira fanática, sem preocupação com as consequências humanas. Do meu ponto de vista (e do ponto de vista

[†] Fragmento de uma entrevista intitulada *Os intelectuais, o Estado e os meios de comunicação*, realizada por André Ryoki Inoue e Pablo Ortellado (estudantes de História da USP) em novembro de 1996. Foi publicada originalmente na edição "Democracia e Autogestão" da revista *Temporaes*, em 1999, pela Editora Humanitas de São Paulo. [N. do E.]

de alguns outros), o Estado é uma instituição ilegítima. Mas disso não decorre que você não deva apoiá-lo. Talvez haja uma instituição ainda mais ilegítima, que vai tomar conta se você não apoiar essa instituição ilegítima. Assim, se você se preocupa com as pessoas...

Vamos ser mais concretos, consideremos os Estados Unidos. Há um setor estatal que faz coisas terríveis, mas que também faz algumas coisas boas. Fruto de séculos de intensa luta popular, há um sistema social mínimo que dá apoio a mães pobres e crianças. Isso está sendo atacado, com um esforço de diminuir o Estado. Bem, os anarquistas não conseguem entender que eles deveriam apoiar o Estado. Eles juntam-se à extrema direita dizendo: "Sim, nós temos de diminuir o Estado", ou seja, pôr mais poder nas mãos de tiranias privadas que são totalmente desprovidas de responsabilidade pública e completamente totalitárias. Isso lembra um velho *slogan* do Partido Comunista no início dos anos 1930, "quanto pior, melhor". Havia um período em que o Partido Comunista recusava-se a combater o fascismo, apoiado na ideia de que se você combate o fascismo, une-se aos social-democratas que não são pessoas legais, e, por isso, "quanto pior, melhor". Esse era o *slogan*, lembro-me, na minha infância. E eles tiveram o pior, Hitler. E se você se importa com a questão de uma criança de sete anos ter ou não comida, terá de apoiar o setor estatal nesse ponto, reconhecendo que, a longo prazo, ele é ilegítimo.

Sei que muitas pessoas têm dificuldade em lidar com isso e eu, pessoalmente, recebo constantes críticas da esquerda por não me prender aos princípios. Princípios que para eles significam opor-se ao setor estatal, mesmo que essa oposição ao setor estatal, nessa conjuntura, signifique jogar o poder nas mãos de organizações totalitárias privadas, que adorariam ver crianças passando fome. Acredito que tenhamos de manter essas ideias em mente se quisermos pensar construtivamente sobre os problemas do futuro. Na verdade, proteger o setor estatal hoje é dar um passo na direção da abolição do Estado, porque assim se mantém uma arena pública na qual as pessoas podem participar, organizar, influenciar na política etc., ainda que de maneira limitada. Se isso terminar, regrediremos a uma ditadura privada e isso não é, de forma alguma, um passo em direção à libertação.

Parece que, para você, estamos numa situação em que se o Estado ganha poder, as empresas perdem, e vice-versa...

É bem isso.

Eu acho que você não mencionou um terceiro competidor nessa disputa pelo poder: as organizações populares. Deixe-me lhe dar um exemplo. No Brasil, o sistema de saúde é gerido pelo Estado, parte pelo governo federal e estadual, parte pelo governo municipal. No ano passado, o prefeito de São Paulo[1] *propôs uma reformulação do sistema de saúde municipal que instituía um esquema em que os médicos, enfermeiros e os outros trabalhadores receberiam o salário do Estado, mas geririam os recursos eles mesmos. No entanto, era permitido passar a gestão dos centros de saúde para empresas privadas, caso sentissem que não tinham condições de geri-los de maneira adequada. A esquerda percebeu imediatamente que isto era um truque visando à privatização do sistema de saúde, o que é constitucionalmente proibido. Ao mesmo tempo, os trabalhadores libertários no sistema de saúde propuseram, em vez de privatizar ou manter a gestão do Estado, que o sistema de saúde deveria ser autogerido pelos trabalhadores e pela comunidade local. O equipamento e a infraestrutura seriam de propriedade do Estado e o salário também viria do Estado, mas os trabalhadores e a comunidade determinariam a política de saúde, a organização do trabalho etc. Nesse caso, você estaria ampliando a democracia...*

Eu já entendi, você não precisa continuar.

E ao mesmo tempo enfraquecendo o Estado...

Não, você não estaria enfraquecendo o Estado, você estaria fortalecendo o Estado! Veja o que você disse: os salários seriam pagos pelo Estado, a propriedade seria do Estado — isso é fortalecer o setor estatal. Sou fortemente a favor disso e defendo que deve haver autogestão dos trabalhadores, mas acredito que os fundos devem ser socializados. Por exemplo, se você tivesse adicionado uma única coisa, que os fundos viriam das comunidades, você teria dado um grande presente para os ricos; eles amariam a sua ideia. O que eles querem é eliminar o papel desempenhado pelo pouco que existe do sistema de impostos. Na verdade, não há grande coisa, mas há pelo menos alguma coisa que os sobrecarrega e financia o sistema social. Eles adorariam ver o fim disso. Se você conseguir chegar à autogestão, ótimo; acho uma excelente ideia e não contradiz o que eu disse. Condizem também com o que eu disse as tentativas de conquistar a autogestão nas fábricas, a autogestão operária nas fábricas. É a mesma coisa. É também garantir que, sob as circunstâncias atuais, não é o pobre que pagará a conta, que os custos serão socializados.

[1]Paulo Salim Maluf. [N. do E.]

E isso significa fortalecer o Estado contra os poderes privados. De forma que se tratam de coisas perfeitamente consistentes, não é uma terceira opção, é parte da segunda opção que eu estava descrevendo. Na verdade, dentro da arena pública preservada pela democracia parlamentar, há todo tipo de oportunidades de luta. Entre as cruciais está a eliminação da gestão e da propriedade em todo sistema privado. Tudo isso dentro do sistema! Isso poderia ser feito, teoricamente, por meios parlamentares. Na prática não, mas pelo menos os mecanismos estão aí.

De qualquer forma, você deve sempre empurrar os mecanismos até o limite. O motivo pelo qual as empresas transnacionais estão tão interessadas no liberalismo é justamente porque ele diminui o Estado. E a diminuição do Estado significa o fortalecimento do setor privado. O encolhimento do Estado diminui o domínio no qual a influência pública pode expressar-se. Isso não é um objetivo anarquista. As pessoas podem ser iludidas pela expressão "diminuir o Estado" e meio que se embaraçar nisso, mas pense no que isso significa. Significa diminuir o Estado e fortalecer um poder ainda pior. Isso não é um objetivo anarquista.

Veja, eu tenho visto muitos anarquistas nos Estados Unidos tomarem o Partido Libertário[2] *por um partido que defende ideias anarquistas ou ideias próximas ao anarquismo. É por isso que você...*

Tem a ver com isso. Esse é um fenômeno particularmente anglo-saxão, do mundo de fala inglesa e dos Estados Unidos em particular. O sonho anarquista, e o único tipo que sobreviveu foi o anarquismo de extrema direita que você vê no Partido Libertário, venerado pelas grandes empresas, pelas companhias financeiras etc. Não que elas acreditem no que o partido diz. Elas sabem muito bem que nunca vão se livrar do Estado porque necessitam dele para seus próprios propósitos, mas adoram utilizar isso como arma ideológica contra todo mundo. Assim, o Partido Libertário é calorosamente recebido por gente dos meios empresariais que, no fundo, ri dele, porque essa gente sabe muito bem que não pode sobreviver sem um maciço subsídio estatal. Eles querem então um Estado forte, mas gostam da ideologia libertária porque podem usá-la como uma poderosa arma contra todo mundo. Se você seguisse os ideais do Partido Libertário, você criaria o pior monstro totalitário que o mundo já viu.

[2]Partido político ultraliberal que quer praticamente suprimir o Estado, mantendo a propriedade privada e a livre-concorrência. [N. do T.]

Para falar a verdade, eu tenho vários amigos no partido. Durante anos, os únicos periódicos nos quais eu conseguia escrever eram periódicos libertários da extrema direita, porque concordamos em vários aspectos. Concordamos, por exemplo, na oposição ao imperialismo. O primeiro artigo que escrevi sobre o Timor-Leste, ninguém quis publicar e eles publicaram, no fim dos anos 1970. Este foi o único artigo a aparecer nos Estados Unidos nos anos 1970, e seguiram-se muitos outros, fazendo com que ficássemos amigos, apesar das enormes diferenças.

Sim, você está certo, havia também um movimento anarquista de esquerda, o movimento anarquista da classe operária. Ele foi em grande medida destruído pela força, quando Emma Goldman foi expulsa do país e Alexander Berkman foi preso. Assim, o movimento libertário de esquerda, da classe operária, foi destruído, mas o movimento libertário de direita foi aplaudido. Não porque as pessoas no poder acreditam nele, mas porque ele é uma arma poderosa. Muitos anarquistas confundem-se com isso. Os Estados Unidos têm uma tradição de anarquismo individualista — um anarquismo do tipo "vou para a floresta viver por minha conta". Que é o tipo de coisa que se desenvolve num tipo de sociedade muito empresarial, ao mesmo tempo com muito espaço... Isso toma muitas formas, como por exemplo as milícias, que são muito antiestatais. Se eu for falar para um grupo que apoia fortemente as milícias de extrema direita, concordaremos em muitas coisas. Essas pessoas estão distribuindo meus livros. Você vai para as conferências das milícias e encontra meus livros lá. Elas acham que estamos do mesmo lado, porque estamos ambos atacando o Estado. Exatamente da mesma forma que os anarquistas pensam que estamos em lados opostos porque eu faço alguma coisa para preservar o Estado. Você tem de colocar as coisas por completo e um *slogan* não pode ser a resposta. Você tem de colocar o *slogan* no contexto de uma realidade mais complexa.

De nossa perspectiva, parece engraçado que os americanos façam uma confusão tão grosseira entre a extrema direita e a extrema esquerda...

Não é incomum. Olhe para a história e veja de onde vem o Mussolini.

ESPECIALIZAÇÃO E DIVISÃO DO TRABALHO INTELECTUAL

Em Linguagem e responsabilidade *você chama a atenção para o papel do intelectual na manutenção da ordem social e na defesa dos interesses da elite e, em seguida, critica a ideia de que o conhecimento social (a História, a política internacional etc.) requer ferramentas especiais (teoria, metodologia) que o homem comum não tem e não pode ter. Ao mesmo tempo, a crítica que denuncia essa especialização perversa do conhecimento social é ela mesma especializada (no sentido de que requer tanto empenho, que apenas o "intelectual" ou o diletante esforçado podem realizá-la). Como o intelectual crítico pode escapar do dilema de criticar a especialização e ser ele próprio um especialista?*

Acredito que você deve ser honesto. Se você me pedisse para explicar-lhe a matéria que eu ensino nos meus cursos de pós-graduação em cinco minutos, eu diria que é impossível, porque ela requer muita fundamentação, muito entendimento, conhecimento técnico etc. Mas se você me pedisse para explicar a crise da dívida brasileira em cinco minutos eu concordaria, porque é elementar. Na verdade, virtualmente tudo relativo à política e à sociedade está na superfície. Ninguém entende as coisas muito bem, inclusive nas ciências; uma vez além das grandes moléculas, tudo torna-se bastante descritivo. As áreas nas quais há um conhecimento significativo e não superficial são muito raras. Se existe, você respeita; eu não vou falar de Física Quântica porque não entendo nada disso.

Por outro lado, essas outras questões são acessíveis a todo mundo. Uma das coisas que os intelectuais fazem é justamente tornar essas questões inacessíveis, por várias razões, inclusive por razões de dominação e de interesse pessoal. É muito natural para os intelectuais fazerem as coisas simples parecerem difíceis. É o mesmo motivo que levava a Igreja medieval a criar mistérios. Aquilo era importante. Leia *O grande inquisidor* do Dostoievsky; ele diz isso de forma magnífica. O grande inquisidor explica que você deve criar mistérios porque de outra forma as pessoas comuns vão entender as coisas e já que elas devem permanecer subordinadas, você tem de fazer as coisas parecerem misteriosas e complicadas. Esse é o teste dos intelectuais. É também bom para eles. De repente, eles são pessoas importantes falando de coisas que ninguém entende... Às vezes, as coisas ficam meio cômicas, como no discurso pós-moderno. Principalmente em Paris, aquilo virou uma caricatura, é tudo jargão. E é muito arrogante, há muitas câmeras de televisão, muita pose, todos tentando decodificar e descobrir o significado por trás das coisas, coisas que você pode explicar para uma criança de oito anos. Não há nada naquilo.

Essas são as formas pelas quais os intelectuais contemporâneos, inclusive os da esquerda, criam grandes carreiras, conseguem poder, marginalizam as pessoas, intimidam etc. Nos Estados Unidos, por exemplo, e, na verdade, em boa parte do terceiro mundo, muitos jovens militantes sentem-se simplesmente intimidados pelo jargão incompreensível que vêm dos movimentos intelectuais da esquerda, impossível de entender e que faz com que as pessoas sintam que não podem fazer nada porque, a não ser que de algum modo entendam a última versão pós-moderna disso e daquilo, não podem sair às ruas e organizar as pessoas, pois não são suficientemente inteligentes. Pode ser que a intenção não seja essa, mas o efeito é uma técnica de marginalização, controle e interesse próprio. As pessoas ganham prestígio, viajam bastante, vivem em altos círculos etc. Paris é talvez a versão mais extrema disso. Lá virou quase uma caricatura, mas você encontra esse tipo de coisa também em outros lugares. Por outro lado, a pergunta que você deve fazer em relação a este ponto é a seguinte: se há uma teoria, um conjunto de princípios ou doutrinas que são muito complicados e você tem de estudá-los, peça que lhe expliquem com palavras simples. Se alguém puder fazê-lo, leve a sério. Peça para um físico e ele poderá fazê-lo. Se há algo sobre uma experiência em Física que eu não compreendo (o que acontece com frequência) eu posso procurar meus amigos no departamento de Física e pedir para que eles me expliquem; eu digo o nível de compreensão que preciso e eles podem fazê-lo. Da mesma forma que eu posso explicar para eles algo que esteja acontecendo num seminário de pós-graduação em Linguística, nos termos e com os detalhes que eles queiram entender — eles terão uma ideia.

Tente pedir para alguém lhe explicar o último artigo de Derrida ou outro qualquer em termos compreensíveis. Eles não conseguirão. Pelo menos não puderam fazer para mim; eu não entendo.

E acredito que as pessoas devem se perguntar que grande salto na evolução ocorreu para capacitar as pessoas a terem essas percepções fantásticas sobre temas que ninguém entende muito bem e que elas não conseguem compartilhar com as pessoas comuns. As pessoas devem ser muito céticas quanto a isso. Na minha opinião, é apenas mais uma técnica por meio da qual os intelectuais dominam as pessoas.

CONSCIÊNCIA E VANGUARDA

Engraçado que você tenha mencionado Derrida, porque minha próxima pergunta tem um pouco a ver com ele. Há muita discussão ultimamente em torno do relativismo. Essa discussão tem levado alguns a uma posição na qual a passividade é justificada por respeito à diversidade cultural. O curioso é que esta é uma discussão que também já passou por uma esquerda mais "tradicional", de uma forma um pouco diferente, em Gramsci e Paulo Freire, pelo menos. É uma discussão que chamou a atenção para o fato de que a dicotomia entre a vanguarda esclarecida e o proletariado ignorante levou ao autoritarismo. Que posição se deve tomar evitando tanto o autoritarismo quanto a passividade?

Ideias vanguardistas são muito fáceis de entender. Elas são meios das pessoas justificarem seu próprio poder; é o caso das ideias libertárias de extrema direita. Elas oferecem uma justificativa ideológica para que alguém tenha poder e não têm outro valor. Gente séria, ao contrário, prefere trabalhar *junto*. Por exemplo, quando você dá aulas, você não fica lá de pé, falando, enquanto as pessoas copiam e comentam. Você trabalha *com as pessoas*. Isso é verdade tanto na pré-escola quanto na pós-graduação. O que se faz é trabalhar em conjunto, buscando o esclarecimento de todos. Em geral, a pessoa que ensina aprende mais que os estudantes. O que acontece é que você usa todo o conhecimento, os recursos e os privilégios de que dispõe para ajudar outros e ao mesmo tempo aprender com eles.

É nisso que consiste o trabalho intelectual respeitável. Isso não quer dizer que haja qualquer vanguarda; na verdade, o intelectual é um servo trabalhando junto com outras pessoas para tentar adquirir um melhor entendimento das coisas. Não há mais nada a ser dito a respeito disso. Vale notar que é nas ciências naturais mais consolidadas que isso é mais bem compreendido. Se você vai para assuntos que têm bastante conteúdo substantivo como a Matemática avançada ou a Física, ou mesmo em nossos cursos de pós-graduação em Linguística, as coisas funcionam desse modo. Não é o caso do professor ficar de pé e das pessoas tomarem notas. Todo mundo riria disso. É um intercâmbio; você começa a falar sobre um trabalho que está desenvolvendo, um estudante se levanta, diz que você está errado, que deveria ser de outro modo, que você deveria repensar etc. E você de fato é levado a repensar o problema.

Não há muita diferença quando se está falando com operários em favelas e eles estão tentando entender seus problemas. Você tem certo conhecimento, eles têm certo conhecimento, você tenta colocar tudo junto e ver se dá para ser usado de forma construtiva. Não estou tentando ser supermodesto; sei perfeitamente que, quando eu estou dando uma palestra para trabalhadores em greve ou para mães que dependem do seguro social, há coisas que eles não sabem. Mas há também coisas que eles sabem e que eu não sei e, colocando tudo isso junto, tentamos propiciar um crescimento conjunto.

Num outro artigo de seu último livro Powers and Prospects, *"Democracy and Markets in the New World Order", você diz que 80% dos americanos "pensam que os trabalhadores têm muito pouca influência — embora apenas 20% pensem o mesmo sobre os sindicatos e 40% o considerem, inclusive, influentes demais", para você, "outro sinal do poder do sistema de propaganda". Aí, mas não apenas aí, você faz dois usos da evidência estatística: um, para demonstrar o interesse "real" das pessoas e, outro, para demonstrar o efeito manipulador dos meios de comunicação. Se o que as pessoas dizem e pensam não é sinal de seu interesse, como então ele pode ser determinado?*

Bem, sabemos o que eles acreditam, e isso é muito claro. Eles acreditam que os trabalhadores deveriam ter mais voz e que os sindicatos deveriam ter menos voz. E ambas as suposições são razoáveis, dadas as informações que eles têm. Uma dessas informações é que os sindicatos são uma arma contra os trabalhadores. Você viu aquele filme, *Sindicato de ladrões* [On the Waterfront], famoso anos atrás? Ele é como um modelo do que os meios de comunicação vêm apresentando como arma há uns 50 anos. A ideia é a de que os sindicatos são inimigos dos trabalhadores e que o trabalhador comum tem de levantar-se e derrubar o sindicato.

Acho que é fácil de entender por que a indústria do entretenimento, que é um enorme sistema empresarial, tenta, e em certa medida consegue, divulgar essa ideia. As pessoas acreditam honestamente que devem livrar-se do sindicato e que essa é uma das formas pelas quais os trabalhadores terão mais voz. Existe sem dúvida um erro fatual aí. Não é que não saibamos no que as pessoas acreditam; elas acreditam num fato errado, ou seja, que os sindicatos são os inimigos dos trabalhadores. Às vezes, até é verdade; mesmo a propaganda mais absurda tem alguns pontos de verdade. E aqui também há elementos de verdade.

Os sindicatos, em alguns casos, foram inimigos dos trabalhadores, mas eles também são provavelmente a forma mais democrática da nossa sociedade, que é altamente não democrática. E com certeza existiram e existem associações nas quais os trabalhadores podem libertar-se e ampliar a esfera da justiça social. Mas os meios de comunicação não vão te dizer isso. A saída para o dilema é fazer com que as pessoas entendam o que os sindicatos são ou podem ser, é ensinar história da classe operária... Ninguém conhece a história da classe operária, ninguém a estuda. Dê uma olhada nos meios de comunicação ao redor do mundo. Há sempre uma seção de negócios. Você já viu uma seção de trabalho? Eu não conheço nenhum jornal que tenha uma seção de trabalho. Mas todos eles têm uma seção de negócios. Existe uma imprensa empresarial, mas existe uma imprensa operária? Eu não sei como as coisas são aqui mas, nos Estados Unidos, tente achar um repórter que tenha sido designado para cobrir o movimento dos trabalhadores. Há, talvez, dois no país inteiro, basicamente trabalhando para as empresas, o que significa que o grosso da população não tem cobertura; o que se cobre é o mundo empresarial. É um reflexo do poder.

A não ser que as pessoas se conscientizem do sistema de propaganda, elas não conseguirão se libertar dele. O mesmo acontece com o sistema social. Por incrível que pareça, a população acredita que o governo, ou seja, o público organizado, tem a responsabilidade de prover as pessoas com os padrões mínimos de vida, saúde etc. Ao mesmo tempo, eles se opõem ao sistema social oferecido pelo Estado que faz exatamente isso. Motivo? A imagem do sistema social é a de uma mãe negra e rica, tendo um filho atrás do outro para que nós a sustentemos. Então, todo mês, ela pode ir ao escritório do sistema de saúde com seu Cadillac e receber seu cheque.

É isso que as pessoas acreditam que é o sistema social, e você pode, com isso, entender por que elas se opõem a ele. "Por que eu tenho de trabalhar para sustentá-lo?" É por isso que as pessoas opõem-se ao sistema social. Por outro lado, elas dizem: "Veja aquela pobre mãe sem dinheiro para cuidar do filho, ela precisa de ajuda". Isso não é uma contradição, é apenas uma suposição falsa, construída sobre um pesado doutrinamento. E a saída é desvendá-lo.

É o mesmo que dizer que o Brasil tem de pagar sua dívida. É doutrinamento. Quem tem de pagar a dívida? As pessoas que receberam o dinheiro e o mandaram de volta a Nova York para fazer mais dinheiro? Elas é que devem pagar a dívida, se é que alguém deve pagá-la. Não é o Brasil. Essas coisas devem ser ditas para que as pessoas as entendam. Não são assuntos complicados e você não precisa de retórica pós-moderna para isso. Você pode falar sobre eles com palavras simples, porque se tratam de coisas simples que as pessoas podem entender com facilidade. Os únicos que não conseguem entendê-las são os intelectuais. Mas eles têm um interesse velado em não entendê-las. Se entenderem, perderão seus poderes. Assim, não vão entender e vão criar todo um mistério em torno deles.

EDUCAÇÃO LIBERTÁRIA

Além de acadêmico, você também é professor. No Brasil, discute-se muito, em grande parte devido ao trabalho de Paulo Freire, como se pode redefinir o papel do professor a partir de uma perspectiva libertária (respeitando o conhecimento prévio dos estudantes, criando formas mais dialógicas de ensino etc.). Como sua postura libertária influencia seu ensino? Qual você acha que é o papel da educação na transformação da sociedade?

Eu leciono numa universidade dedicada às ciências. Nas ciências, o ensino é estreitamente relacionado à pesquisa, principalmente no nível de pós-graduação. Ensino e pesquisa são empreendimentos fundamentalmente cooperativos, nos quais se espera dos estudantes que desafiem, investiguem por si mesmos e inovem. Logo, eles tendem a ser "libertários", basicamente por necessidade. As ciências morreriam rapidamente se mantivessem as normas das disciplinas mais ideológicas, ou aquelas dos colégios, em que os objetivos de conformidade e obediência valem mais do que o desafio, a descoberta e a criação. Eu duvido que meus cursos sejam muito diferentes daqueles de reacionários que discordam profundamente das minhas opiniões libertárias. O mesmo vale para os estudantes em geral.

A educação deve, com certeza, ser um componente fundamental de qualquer programa de transformação da sociedade. Isso é verdade tanto se o objetivo for impor mais subordinação à autoridade, quanto se ele for mover-se rumo aos objetivos libertários. Os programas educacionais serão, sem dúvida, bastante diferentes, dependendo dos objetivos buscados. Além disso, a educação é um assunto para a vida inteira, ao menos numa sociedade que aspire à liberdade e à justiça. O fundador do sistema universitário alemão, Wilhelm von Humboldt, um importante linguista e pensador libertário, observou certa vez que a essência de uma vida verdadeiramente humana é "investigar e criar". É disso que a educação deveria tratar.

Além do MIT *[Massachusetts Institute of Technology] você também tem lecionado na Left Online University [um curso universitário de esquerda pela internet]. Que tipos de possibilidades mais democráticas você acredita que a internet pode abrir para a educação?*

A internet abre certamente novas possibilidades. Ela coloca também novos problemas. Como a maior parte da tecnologia, ela é, em si mesma, socialmente neutra: pode ser usada para oprimir ou para libertar. Isso é uma questão de vontade e de escolha; é uma questão de luta também, é claro, para combater as poderosas forças que são bastante francas e abertas em relação ao seu objetivo de dominar esta tecnologia construída com dinheiro público e usá-la como um novo aparato para subordinar as pessoas ao poder privado — um objetivo já parcialmente alcançado.

Quanto à Left Education, um número grande de oportunidades tem surgido e permanece existindo, a despeito dos esforços intensos do poder privado e do Estado em converter a internet num serviço de compras caseiro e num meio de marginalização e dominação. Os esforços da Left Education na internet, até onde sei, não têm sido muito bem sucedidos até o momento, mas este fato deve ser encarado com autocrítica honesta. As oportunidades existem.

MARXISMO E CIÊNCIAS SOCIAIS

Em seu trabalho, você faz uso constante de termos como "elite", "poder empresarial", "classes superiores", "os poderosos". Acredito que com isso você está evitando os conceitos marxistas usuais. De que forma você acha que esses outros conceitos podem nos ajudar a entender as conexões entre a exploração econômica e a dominação do Estado?

A questão está colocada de forma errada, na minha opinião. Se estivermos interessados em estudar o movimento dos planetas, o crescimento das plantas, a natureza da linguagem humana ou qualquer outro assunto — incluindo "as conexões entre a exploração econômica e a dominação do Estado" —, utilizaremos as noções mais simples que pudermos, introduzindo um aparato técnico apenas quando ele contribuir com o avanço do entendimento. O ônus da prova cabe sempre a quem introduz este aparato.

Isto é lugar-comum na ciência e deveria ser também fora dela. No estudo do movimento dos planetas, a introdução de um aparato técnico contribui de forma bastante substancial com o aprofundamento do entendimento, enriquecendo a explicação e aperfeiçoando a predição. Se os "conceitos marxistas usuais" e o quadro teórico no qual eles estão encaixados passarem pelo mesmo teste, então é razoável adotá-los. Mas se eles estão apenas servindo para fazer os intelectuais parecerem importantes e profundos, se eles não têm nada a dizer que não possa ser dito de forma simples, então não é razoável adotar um aparato técnico, seja a terminologia, o contexto teórico no qual ele adquire seu sentido — seja ele qual for.

Não tenho qualquer objeção ao aparato técnico. Eu não o "evito", mas também dificilmente o utilizo, porque eu não acredito que ele passe no teste mais elementar. O entendimento dos assuntos que você mencionou — e dos assuntos humanos em geral — é um tanto raso. O que se entende é, na maior parte, superficial e não conheço nenhuma teoria de longo alcance ou terminologia complexa que interprete estas questões de uma maneira que não possa ser, imediatamente, formulada em termos simples. Estou aberto à questão, mas espero ser convencido, exatamente como no trabalho científico. Também não devemos negligenciar o fato bastante óbvio de que os intelectuais têm todo interesse em tramar estruturas intelectuais obscuras e pretensiosas. Talvez tenhamos aí a resposta, mas uma pessoa sensata pedirá evidências.

INATISMO E HISTORICIDADE

Em seu trabalho como linguista, você tem enfatizado o papel de estruturas inatas para a linguagem. Normalmente, considera-se a ênfase em estruturas inatas ou universais uma postura conservadora, ao passo que posições defendendo a historicidade são consideradas críticas ou progressistas. Parece que você é o único intelectual não conservador que eu conheço que defende a ideia de estruturas imutáveis. Por que você acha que isso acontece?

O que você diz sobre a tradição intelectual é correto e interessante, porque o ponto de vista que você descreve é absurdamente irracional. Quer-se saber, portanto, por que ele é tão difundido.

Eu não "enfatizo o papel de estruturas inatas" mais do que as pessoas investigando o sistema visual humano "enfatizam o papel de estruturas inatas". Em ambos os casos, buscamos descobrir essas estruturas — que evidentemente existem, e do contrário ninguém enxergaria ou falaria — e determinar como elas interagem com condições ambientais no crescimento e no desenvolvimento do organismo. Isso é elementar e está fora de discussão. O truísmo mantém-se, estejamos nós estudando a vida social das abelhas, a visão humana e a linguagem, ou qualquer outro aspecto do mundo biológico.

É possível, em princípio, que alguns aspectos do crescimento e do desenvolvimento dos organismos sejam inteiramente determinados por fatores genéticos, sem influência do ambiente, embora isso seja raro ou talvez inexistente. Mas é, em princípio, impossível que qualquer aspecto do crescimento e do desenvolvimento dos organismos seja inteiramente determinado por fatores ambientais, de forma que se estivermos interessados em alguma propriedade dos organismos — vamos dizer, a linguagem ou a vida social do homem — tentaremos descobrir o que pudermos sobre os fatores inatos que entram neles de maneira crucial.

A natureza destes fatores e as interações são questões de fato, não de doutrina, pelo menos fora dos domínios do fanatismo ideológico. E é um fato quase trivialmente óbvio que as estruturas inatas desempenham um papel enorme na determinação do curso da aquisição da linguagem humana e na natureza do resultado. Isso seria negado apenas por alguém que fosse incapaz de diferenciar minha neta de sua gatinha. No caso da linguagem, existem agora evidências bastante substanciais sobre as características inatas que levam ao desenvolvimento da linguagem na mente de minha neta (mas não na de sua gatinha). Além do mais, existem fortes razões para acreditar que essas características são um desenvolvimento evolucionário bastante recente e são isoladas biologicamente num grau significativo. A riqueza destas características inatas parece ser um fator fundamental na diferenciação dos seres humanos do resto do mundo biológico. Elas tornam possíveis à minha neta adquirir habilidades linguísticas complexas e usá-las criativamente, muito além das evidências disponíveis a ela, mas de formas compreensíveis a outros que compartilham do mesmo dom inato. Elas são, em grande parte, responsáveis pelo fato dos seres humanos terem uma história, uma evolução cultural e uma diversidade de grande riqueza, entre as muitas e óbvias diferenças entre os seres humanos e as outras criaturas.

No que diz respeito à vida humana, à vida social e cultural, ao julgamento moral e estético etc., muito pouco se sabe, mas as mesmas expectativas se mantêm. Vamos supor que a tradição que você descreve seja correta e que os seres humanos sejam diferentes de todo o resto do mundo orgânico, no sentido de que carecem de estruturas complexas geneticamente determinadas. Eles estariam fadados, então, a ser criaturas ameboides, pálidos reflexos de seu ambiente acidental, diferentes um do outro e incapazes de ação ou pensamento significativo. Na verdade, criaturas miseráveis assim certamente não teriam sobrevivido.

É verdade, como você diz, que nos últimos tempos, o oposto tem sido pregado, um signo da patologia da cultura intelectual. Mas não é verdade que os intelectuais "críticos ou progressistas" tenham sempre insistido nestas estranhas ideologias. Piotr Kropotkin, por exemplo, não sucumbiu a essa curiosa forma de irracionalidade. Seu livro *Apoio mútuo: um fator de evolução* fundou a disciplina da sociobiologia — embora não seja reconhecido por essa realização, pois chegou a conclusões que são inaceitáveis à doutrina dominante, inclusive às doutrinas daqueles "intelectuais de esquerda" aos quais você referiu-se. Quanto à Marx (na condição de diferente dos "marxistas"), embora tenha dito pouco sobre esses temas, seus conceitos de exploração, trabalho alienado etc. não fazem nenhum sentido fora do quadro de referência do pensamento romântico alemão/francês, ao qual ele frequentemente recorreu, com seus componentes fortemente inatistas.

A questão que interessa é por que os intelectuais progressistas têm se posto a necessidade de tomar uma posição sem sentido nestes assuntos. Talvez seja porque as construções sobre estruturas inatas têm sido usadas com propósitos reacionários. Se essa é a razão, ela é simplesmente terrível. Queremos entender tanto quanto pudermos os seres humanos, pelo menos se formos sérios. Minha suspeita é a de que o apelo de doutrinas do tipo "organismo vazio", para os intelectuais, pode estar em outro lugar. Se pusermos de lado seu caráter absurdo, estas doutrinas removem todas as barreiras morais à manipulação e ao controle, uma ideia muito atraente à classe dirigente, seja ela de "esquerda" ou de "direita". Se, por outro lado, os seres humanos têm algum tipo de "instinto de liberdade", como Bakunin acreditava (não sem motivo e partindo da mesma tradição cultural que inspirou Marx), então existem barreiras morais muito claras e definidas à manipulação e ao controle, uma conclusão que tenderia a colocar boa parte da classe intelectual para escanteio.

Escrevi bastante sobre esses assuntos anos atrás; o tema é intrigante, mas não quero repetir o que já está publicado. O ponto básico é que devemos nos preocupar em descobrir os fatos, quaisquer que sejam eles; os fatos não são "progressistas" nem "reacionários". A não ser que os seres humanos sejam anjos, fora do mundo biológico, podemos ter certeza de que haverá um componente genético relevante em cada aspecto de seu crescimento, de seu desenvolvimento, de seu pensamento e de sua ação. O problema é descobrir qual é ele e utilizar esse conhecimento para adicionar ao pensamento programas e políticas que afetem a vida humana.

Devo ainda acrescentar algo que deve ser um truísmo. Toda política ou programa social — seja reformista, revolucionário ou outra coisa — é baseado em alguma concepção implícita do que é o bem geral das pessoas, logo, em suposições sobre sua natureza essencial. Isso vale para qualquer concepção que pretenda, no mínimo, ter alguma justificativa moral. Já que a compreensão desses assuntos é muito pequena, seguimos com base nas esperanças, na intuição, na experiência etc., mas se pudermos aprender algo mais sobre a verdadeira natureza dos seres humanos, melhor — de novo, se nos consideramos parte do universo moral.

Estou bem ciente de que tais ideias são consideradas absurdamente ingênuas nos círculos intelectuais atualmente em moda, mas isso é uma outra questão: sobre a moda intelectual — no meu entender, sobre sua patologia.

No artigo "Metas e Projetos" você diz que existe sempre uma ideia implícita de natureza humana subjacente aos nossos projetos para uma sociedade melhor. Por que você acha que a ideia de uma natureza humana é realmente necessária? Não poderíamos orientar nossos projetos por valores que reconhecemos como históricos, mas que defendemos assim mesmo?

Claro que podemos orientar nossos projetos por valores que reconhecemos como históricos. Na verdade, nós o fazemos por necessidade, já que nosso conhecimento é tão limitado. Mas a não ser que sejamos monstros, nós o fazemos porque acreditamos que esses valores são mais do que meramente históricos; acreditamos que eles expressam algo real e importante sobre a natureza humana e devemos querer, se nos consideramos racionais e morais, testar essas suposições com as evidências que podem ser descobertas.

Se tivéssemos de seguir sua proposta, não haveria razão para não orientar nossos projetos pelos valores da escravidão, do nazismo ou outros que são certamente "históricos". Ninguém aceitaria tal conclusão. Aqueles que defendem a proposta que você menciona — e existem muitos — não podem querer dizer o que dizem. Um pouco de reflexão é suficiente para mostrar que se defendemos valores que sabemos que são históricos — como normalmente fazemos —, isso deve acontecer por acreditarmos que eles encontram suas raízes na natureza humana fundamental, ainda que sejamos incapazes, no momento, de defender tais crenças com argumentos e evidências muito convincentes.

Tradução: Pablo Ortellado

NOAM CHOMSKY SOBRE O ANARQUISMO†

INTRODUÇÃO

Ainda que Chomsky tenha escrito bastante sobre o anarquismo nas últimas três décadas, as pessoas frequentemente pedem a ele um projeto mais detalhado e tangível de transformação social. Sua análise política sempre destila insultos e raiva à maneira como o mundo funciona, mas muitos leitores não sabem o que exatamente Chomsky faria para modificá-lo. Talvez por considerarem seu trabalho analítico com certo respeito, acreditam que ele planejará seus objetivos e estratégias com semelhante precisão e clareza, frustrando-se com as declarações genéricas sobre os valores socialistas libertários. Talvez muitos esperem que um grande intelectual tenha sempre um "plano mestre" para ser seguido passo a passo rumo a um futuro brilhante e radiante.

Chomsky, entretanto, evita dar esse tipo de declaração. Ele adverte que é difícil prever quais formas particulares uma organização social justa deve assumir, ou, mesmo, saber exatamente quais são as alternativas ideais ao sistema atual. Apenas a experiência pode nos mostrar as melhores respostas para essas questões, diz ele. O que deve nos guiar ao longo desse caminho é uma série de princípios, que irão fundamentar quaisquer formas específicas que nossa sociedade futura possa assumir. Para Chomsky, esses princípios surgem da tendência histórica de pensamento e ação chamada de anarquismo.

Chomsky adverte que pouco pode ser dito sobre o anarquismo em termos muito gerais. "Não venho tentando escrever algo sistemático sobre esse assunto e nem sei de algo feito por outros que eu poderia recomendar", escreveu-me em resposta a uma série de questões sobre o tema. Ele vem escrevendo aqui e ali sobre isso, especialmente em seu recente livro *Powers and Prospects*, mas realmente não há muito a ser dito em termos gerais. "O interesse está nas aplicações", acredita ele, "e estas são específicas ao seu tempo e lugar".

† Entrevista realizada por Tom Lane em dezembro de 1996 e publicada no site da *Z Magazine* (www.zmag.org). [N. do E.]

"Na América Latina", diz Chomsky, "tratei de muitos desses assuntos, e também de outros mais importantes, e aprendi sobre eles com as pessoas que, de fato, estão fazendo coisas, sendo que boa parte delas tinha um 'cheiro' anarquista. Também tive a chance de encontrar-me com grupos anarquistas ativos e interessantes, de Buenos Aires a Belém, próximo da Amazônia (dos últimos eu nada sabia a respeito — incrível onde nossos amigos aparecem!). Mas as discussões eram muito mais focadas e específicas do que eu frequentemente vejo aqui; o que acredito ser correto."

Como essa, as respostas de Chomsky às perguntas são genéricas e breves. De qualquer forma, uma sintética introdução a alguns de seus pensamentos sobre o anarquismo talvez inspire o leitor a procurar outros escritos sobre o tema e, o mais importante, a desenvolver o conceito de anarquismo por meio do processo de construção de uma sociedade mais livre e democrática.

Tom Lane

RESPOSTAS DE CHOMSKY A OITO QUESTÕES SOBRE ANARQUISMO

COMENTÁRIO GERAL SOBRE TODAS AS QUESTÕES:

Ninguém é dono do termo "anarquismo". Ele é utilizado por uma enorme variedade de distintas correntes de pensamento e ação, amplamente diferentes. Existem muitos anarquistas com estilos próprios que insistem, com frequência apaixonadamente, que seu método é o único correto e que os outros não poderiam utilizar-se do termo (talvez sejam criminosos de uma ou outra natureza). Uma breve observação da literatura anarquista contemporânea, particularmente no Ocidente e nos círculos intelectuais (eles podem não gostar do termo), rapidamente demonstrará que grande parte das denúncias que uns fazem dos desvios de outros parece ser parte da literatura sectária marxista-leninista. Infelizmente, a proporção desse material no trabalho construtivo é bem alta.

Pessoalmente, não confio em meus próprios projetos sobre o "caminho certo" e não me impressiono com as presunçosas declarações de outros, incluindo aqueles que são bons amigos. Sinto que muito pouco é conhecido para termos a capacidade de dizer muito, com alguma confiança. Podemos tentar formular nossos projetos de longo prazo, nossos objetivos, nossos ideais; e podemos (e devemos) nos dedicar a trabalhar em questões de importância para a humanidade. Mas a lacuna entre essas duas possibilidades é frequentemente considerável, e eu raramente vejo algum caminho para transpô-la, exceto em um nível vago e genérico. Essas minhas qualidades (que talvez sejam defeitos) aparecerão nas respostas (muito sintéticas) que darei às suas questões.

Quais são as origens intelectuais do pensamento anarquista, e quais movimentos desenvolveram e tornaram vivo esse pensamento durante toda a história?

As correntes do pensamento anarquista que me interessam (existem muitas) têm suas origens, acredito, no Iluminismo e no liberalismo clássico, e, inclusive, remontam de modo interessante à revolução científica do século XVII, incluindo aspectos que são, frequentemente, considerados reacionários, como o racionalismo cartesiano. Há literatura sobre o assunto (Harry Bracken, que trabalha com a história das ideias, por exemplo; eu também escrevi sobre isso). Não tentarei tratar disso aqui, mas quero dizer que tendo a concordar com o importante escritor e militante anarcossindicalista Rudolf Rocker, o qual sustentava que as ideias liberais clássicas foram destruídas na turba do capitalismo industrial e nunca se recuperaram (estou me referindo ao Rocker dos anos 1930; décadas depois, ele modificou seu pensamento). As ideias têm sido reinventadas continuamente; na minha opinião, porque elas refletem necessidades e percepções humanas reais.

A Guerra Civil Espanhola talvez seja o caso mais importante, ainda que devamos lembrar que a revolução anarquista que conquistou boa parte da Espanha em 1936, tomando várias formas, não foi um levante espontâneo; foi preparada durante muitas décadas por meio de educação, organização, esforço, derrota e, algumas vezes, vitórias. Isso foi muito significativo. O suficiente para despertar a ira de todos os maiores sistemas de poder: stalinismo, fascismo, liberalismo ocidental, a maioria das correntes intelectuais e suas instituições doutrinárias — todos combinados para condenar e destruir a revolução anarquista, o que, de fato, fizeram; um sinal de sua importância, na minha opinião.

Os críticos dizem que o anarquismo "não tem forma e é utópico". Você contrapõe dizendo que cada estágio da história tem suas próprias formas de autoridade e opressão que precisam ser combatidas, e, portanto, nenhuma doutrina fixa pode ser aplicada. Na sua opinião, qual realização específica do anarquismo foi relevante em nossos tempos?

Tendo a concordar que o anarquismo não tem forma e é utópico. Entretanto, dificilmente mais do que as doutrinas vazias do neoliberalismo, do marxismo-leninismo e outras ideologias que têm apelado aos poderosos e aos intelectuais que os servem ao longo dos anos, por razões que são fáceis de explicar. A razão para a falta de forma e o vazio intelectual (frequentemente encobertos por grandes discursos, que fazem parte do próprio interesse dos intelectuais) é que nós não entendemos muito bem os sistemas complexos e as sociedades humanas, e temos apenas intuições limitadas, em termos de eficácia, sobre os caminhos que devem ser remodelados e construídos.

O anarquismo, do meu ponto de vista, é uma expressão da ideia de que o ônus da prova está sempre sobre aqueles que sustentam que a autoridade e a dominação são necessárias. Eles têm de demonstrar, com fortes argumentos, que isso está correto. Se não conseguirem, as instituições que defendem devem ser consideradas ilegítimas. Como cada um deve reagir para deslegitimar a autoridade, isso dependerá das circunstâncias e das condições; não existem fórmulas.

No período atual, as questões surgem em diversos domínios: nas relações pessoais, na família, na ordem política/econômica internacional. E as ideias anarquistas — desafiando a autoridade e insistindo que ela se justifique — são apropriadas em todos os níveis.

Em que tipo de concepção de natureza humana o anarquismo está fundamentado? As pessoas teriam menos incentivo para trabalhar em uma sociedade igualitária? Uma ausência de governo permitiria que os fortes dominassem os fracos? As tomadas de decisão democráticas resultariam em conflitos excessivos, indecisões e tumultos?

Da maneira como eu entendo o termo "anarquismo", ele fundamenta-se na esperança (em nosso estado de ignorância, não podemos ir além disso) que aglutina elementos da natureza humana, incluindo sentimentos de solidariedade, apoio mútuo, simpatia, preocupação com os outros etc.

As pessoas trabalhariam menos em uma sociedade igualitária, à medida que elas fossem levadas ao trabalho pela necessidade de sobrevivência, ou por uma recompensa material, um tipo de patologia que leva alguns a tirar prazer da tortura de outros. Aqueles que acham razoável a doutrina liberal clássica, que o impulso de se empenhar em um trabalho produtivo está no centro da natureza humana — algo que vemos constantemente, creio, desde as crianças até os idosos, quando as circunstâncias permitem — desconfiarão muito das doutrinas que promovem altamente o poder e a autoridade, e parecem não ter outros méritos além disso.

Não sabemos se a ausência de governo permitiria aos fortes dominar os fracos. Se isso acontecesse, as formas de organização social teriam de ser construídas para superar esse crime, e há muitas possibilidades de se fazer isso.

Quais seriam as consequências das tomadas de decisão democráticas? As respostas são desconhecidas. Teríamos de aprender com as tentativas. Vamos tentar e descobrir.

O anarquismo é algumas vezes chamado de socialismo libertário. Como ele se diferencia das outras ideologias que são frequentemente associadas com o socialismo, como o leninismo?

A doutrina leninista defende que um partido de vanguarda deveria assumir o poder do Estado e dirigir a população rumo ao desenvolvimento econômico, e, por algum milagre que é inexplicado, à liberdade e à justiça. Ela é uma ideologia que naturalmente apela, fortemente, à *intelligentsia* radical, a qual é justificada por razão de seu papel na gestão do Estado. Não vejo qualquer razão — seja em termos lógicos ou históricos — para levá-la a sério. O socialismo libertário (incluindo grande e essencial parte do marxismo) rejeitou tudo isso com desdém, muito corretamente.

Muitos "anarcocapitalistas" reivindicam que o anarquismo é a liberdade de fazer o que quiserem com as propriedades que possuem, e de se comprometerem para o trabalho, com outros, por meio de livres contratos. O capitalismo é, em algum nível, compatível com o anarquismo, do seu ponto de vista?

O anarcocapitalismo, na minha opinião, é um sistema de doutrina que, se fosse um dia implantado, conduziria a formas de tirania e opressão com poucas semelhanças na história humana. Não existe a menor possibilidade de suas (ao meu ver, horrendas) ideias serem implantadas, porque elas destruiriam rapidamente qualquer sociedade que cometesse o erro colossal de implantá-las.

A ideia de "livre contrato" entre o poderoso e seu vassalo faminto é uma piada doentia, que talvez valha alguns momentos num seminário acadêmico explorando as consequências das (na minha visão, absurdas) ideias, mas em nenhum outro lugar.

Devo adicionar, de qualquer forma, que tenho substancial acordo com as pessoas que se consideram anarcocapitalistas, em uma série de questões; por alguns anos, eu só conseguia escrever em seus periódicos. Eu também admiro o compromisso deles com a racionalidade — o que é raro —, embora eu não acredite que eles vejam as consequências das doutrinas que adotam, ou suas profundas falhas morais.

Como os princípios anarquistas aplicam-se na educação? As séries, as exigências e as provas são adequadas? Que tipo de ambiente é mais favorável ao livre pensamento e ao desenvolvimento intelectual?

Minha impressão, fundamentada parcialmente em minha experiência pessoal, nesse caso, é que uma educação decente deve proporcionar uma linha, ao longo da qual a pessoa percorrerá seu próprio caminho. O bom ensino é mais um problema de dar água à planta — possibilitando que ela cresça a partir de suas próprias capacidades — do que encher um vaso com água (um pensamento nada original, devo dizer, parafraseado dos escritos do Iluminismo e do liberalismo clássico). Esses são princípios gerais, que acredito serem geralmente válidos. Para entender sua aplicação nas circunstâncias particulares, devemos avaliar caso a caso, com a devida humildade e reconhecendo o quão pouco realmente compreendemos das coisas.

Descreva, se puder, como uma sociedade anarquista ideal funcionaria cotidianamente. Que tipos de instituições políticas e econômicas existiriam e como elas funcionariam? Teríamos dinheiro? Compraríamos em lojas? Teríamos nossas próprias casas? Teríamos leis? Como preveniríamos o crime?

Eu nem sonharia tentar fazer isso. Esses são problemas que temos de solucionar com o esforço e a experiência.

Quais são as perspectivas para a realização do anarquismo em nossa sociedade? Em que sentido devemos caminhar?

Os panoramas de liberdade e justiça são ilimitados. Os passos que devemos dar dependem de onde queremos chegar. Não existem e não podem haver respostas gerais. As questões estão mal colocadas. Lembro-me de uma bela frase do movimento dos trabalhadores rurais do Brasil (de onde acabo de voltar): eles dizem que devemos expandir a área da jaula até o ponto que as grades se quebrem.

Às vezes, é necessário defender a jaula contra os piores predadores do lado de fora; defender o poder ilegítimo do Estado contra a tirania privada predatória dos Estados Unidos de hoje, por exemplo, é algo que deveria ser óbvio para qualquer pessoa comprometida com a justiça e com a liberdade — qualquer um, por exemplo, que pense que as crianças devem ter o que comer —, mas isso parece algo de difícil compreensão para muitos daqueles que se reivindicam libertários e anarquistas. Esse é um dos impulsos irracionais e autodestrutivos de pessoas decentes, que consideram ser parte da esquerda, e que, na minha opinião, separam-se, em termos práticos, das vidas e das legítimas aspirações daqueles que sofrem.

Essa é minha impressão. Estou feliz de discutir isso e de escutar os contra-argumentos, mas somente num contexto que nos permita ir além dos *slogans* — o que temo excluir boa parte daquilo que se passa nos debates da esquerda, o que é uma pena.

Em outra carta, Chomsky escreveu mais sobre uma sociedade futura:

Uma sociedade futura, posso estar repetindo, é algo pelo que tenho me interessado desde que eu era um garoto. Lembro-me, por volta de 1940, de ter lido o interessante livro de Diego Abad de Santillán, *After the Revolution*,[1] em que criticava seus companheiros anarquistas e esboçava, com algum detalhe, como a Espanha anarcossindicalista funcionaria (essas são memórias de mais de 50 anos, não as tome muito literalmente).

Minha impressão, naquela época, foi a de que o livro parecia bom. No entanto, nós compreendemos o suficiente para responder perguntas sobre uma sociedade em cada detalhe? Conforme passaram os anos, naturalmente, aprendi mais; mas isso apenas aumentou meu ceticismo em relação à profundidade de nosso conhecimento. Recentemente, discuti bastante isso com Michael Albert, que tem me encorajado a expor em detalhes como eu acredito que a sociedade deveria funcionar, ou, pelo menos, dar minha opinião em relação à sua proposta de "democracia participativa". Recusei ambas as proposições, pelas mesmas razões. Parece-me que as respostas à maioria dessas perguntas têm de ser aprendidas por meio da experiência.

Considere os mercados (levando em conta que eles possam funcionar em alguma sociedade viável — limitados, se o registro histórico nos servir de guia, e sem falar de lógica). Entendo suficientemente bem o que está de errado com eles, mas isso não é o bastante para

[1]Publicado no Brasil como *O organismo econômico da revolução*. [N. do T.].

demonstrar que um sistema que elimina as operações de mercado é melhor; é simplesmente uma questão de lógica, e não acredito que tenhamos a resposta. O mesmo vale para todo o resto.

Tradução: Felipe Corrêa

REFORMA E REVOLUÇÃO†

O recente livro de Barsky[1] e alguns trechos de seus próprios artigos, escritos ao longo dos anos, fornecem algumas informações sobre o que te atraiu inicialmente ao anarcossindicalismo, e, particularmente, ao trabalho de Rocker, quando você era ainda muito jovem. O que faz com que você venha mantendo essa sua fidelidade há anos, impedindo, por exemplo, sua conversão a algum tipo de sistema de crenças marxista? Você acredita que os anarquistas têm algo a aprender com os socialistas autoritários e/ou vice-versa?

Algumas dessas palavras incomodam-me, como por exemplo "fidelidade", "conversão", "sistema de crenças" etc. Não creio que as pessoas devam estar ligadas a um sistema de crenças mais do que às ciências exatas. Esses problemas não são mais simples que as ciências exatas. Não estamos ligados a um sistema de crenças, não nos convertemos. Aprendemos com outras pessoas e ninguém tem a verdade e nem um discernimento completo das coisas. Buscamos isso por toda parte, cometemos nossos próprios erros e aprendemos com os outros.

Isso é verdade em todos os sentidos que possamos imaginar. Não creio que seja uma questão de manter fidelidade. Se começarmos a pensar em lidar com os problemas da vida em termos de fidelidade, conversões, sistemas de crenças e coisas do tipo — se não pudermos aprender com os outros —, isso significará que perdemos. Dessa maneira estaríamos nos afastando do campo do discurso construtivo, racional e moral, no qual surgem todas essas questões.

Tenho certeza que mudei de ideia sobre todos os assuntos nos últimos 60 anos, da mesma maneira que Rocker. Por exemplo, Rocker terminou sua vida defendendo uma espécie de anarcocapitalismo.[2] As pessoas mudam. Mas o que aprendi com seus trabalhos, além de

† Entrevista realizada em março de 1999 por Jon Bekken e Mike Long, publicada nos números 25 e 26 do periódico *Anarcho-Syndicalist Review*. [N. do E.]

[1] Robert F. Barsky. *Noam Chomsky: A Life of Dissent*. Cambridge, MA: MIT Press, 1997 (resenhado na *Libertarian Labor Review* (LLR) 22, inverno 1997–1998, pp. 34–37). [N. do E. americano]

[2] Para uma biografia recente de Rocker, cf.: Mina Grauer. *An Anarchist "Rabbi": The Life and Teachings of Rudolf Rocker*. Nova York: St. Martin's Press, 1997 (rese-

outros — e, de fato, com as coisas que estavam acontecendo, como a Revolução Espanhola —, parece-me ter sido muito válido. Há muito para ser aprendido com outros pontos de vista, incluindo o dos fascistas. Eles também têm coisas inteligentes a dizer. E isso pode ser aplicado em todos os casos. Se aqueles que discordam nos princípios nada tiverem a aprender com os anarquistas, não estarão fazendo uma análise suficientemente valiosa. Acreditar em tudo aquilo que se fala, querendo aprender tudo, é como a religião. Parece-me que a última coisa que os anarquistas querem é considerar a possibilidade de não podermos aprender com as pessoas que têm diferentes crenças, que elas não possam aprender com você, ou que seja uma questão de converter alguém de um sistema de crenças para outro. Se você for uma pessoa sensata, provavelmente terminará construindo seu próprio pensamento com fragmentos e partes de vários sistemas de crenças, e mais alguns outros desenvolvidos por você mesmo.

Seria possível dar alguns exemplos daquilo que você acha especificamente atraente na tradição anarquista? E também dar exemplos dos problemas em relação aos quais os anarquistas teriam interesse, na busca de soluções para outros lugares?

O que me atraiu para a tradição anarquista é que, pelo menos da maneira como eu a entendo, ela baseia-se na constante compreensão da autoridade ilegítima. Devemos buscar essas autoridades ilegítimas e tentar superá-las. Parece uma ideia simples, elementar. Se observarmos a tradição anarquista, os próprios anarquistas estão descobrindo episódios de autoridade ilegítima que eles mesmos protagonizaram. Por exemplo, durante a Revolução Espanhola havia uma questão sobre o forte sexismo da sociedade espanhola, e alguns anarquistas — se me lembro bem, Federica Montseny estava entre eles — acreditavam ser possível concordar com esses hábitos, já que, por exemplo, seria bom para as mulheres serem incomodadas nas esquinas enquanto caminhavam, e assim por diante. Se não me falha a memória, acredito ter sido ela. Mas eu sei que esse debate realmente aconteceu.[3] Este é um exemplo da mulher que internaliza a opressão

nhado na LLR #22, inverno 1997–1998, p. 40). Ainda que Rocker tenha mudado suas posições no que diz respeito a várias questões em seus últimos anos, terminando por defender algo bastante similar ao municipalismo libertário de Bookchin, não há indícios de que ele tenha defendido o anarcocapitalismo. [N. do E. americano]

[3]Para um relato das lutas das mulheres durante a Revolução Espanhola, cf.:

e a degradação, considerando-as benéficas e necessárias. É como um escravo dizer: "Eu gosto de ser um escravo e não me tire dessa situação". O pior tipo de opressão é aquele que internalizamos. Nesse caso, a luta vinha se dando dentro do próprio movimento anarquista, e corretamente no meu entender. Isso é o tipo de coisa que você não percebe e, quando percebe, luta para superar.

De fato, isso aconteceu aqui na década de 1960, como todos bem sabem. Boa parte do movimento feminista contemporâneo desenvolveu-se fora dos conflitos da nova esquerda, quando as mulheres começaram a adotar seriamente a retórica libertadora e questionaram: "Por que estamos fazendo os piores trabalhos?" E isso trouxe significativos problemas. Jovens garotos que corretamente pensavam ser muito corajosos, por razão de sua rebeldia contra a autoridade, por viverem perigosamente e lutarem contra o sistema de poder, tiveram, de repente, de se olhar no espelho e dizer: "Bem, estou definitivamente oprimindo alguém, e de maneira ilegítima". Esses não eram problemas pequenos. Conheço pessoas que tiveram sérias dificuldades tentando chegar a um acordo sobre eles. E dentro dos grupos do movimento, houve problemas muito sérios também. Lembro-me deles muito bem. Como você lida com o fato de somente os homens tomarem as decisões e terem autoridade? Como lidar com isso? Nunca demos atenção a esse tipo de coisa, porque era uma forma de autoridade e de opressão que todos tínhamos internalizado, e que nunca havíamos notado. Acreditamos que a autoridade ilegítima deve ser exposta e, uma vez exposta, combatida. E esse parece-me o elemento mais saudável da tradição anarquista. Combater a autoridade imediatamente. E isso se aplica em todos os aspectos da vida.

Você pode dar um exemplo de algo na tradição socialista autoritária que você valoriza?

Houve um debate entre Engels e os anarquistas sobre qual o momento certo para o estabelecimento da sociedade comunista.[4] Isso

Martha Acklesberg. *Free Women of Spain*. Bloomington: Indiana University Press, 1991. (Não há referência ao incidente que Chomsky descreve aqui. A antologia: David Porter. *Emma Goldman's Writings on Spain: Vision on Fire*, (pp. 255–257) fala em algo muito similar a esse debate, sem dar nome aos principais envolvidos). [N. do E. americano]

[4]Marx, Engels e Lenin. *Anarchism and Anarcho-Syndicalism: Selected Writing*. Nova York: International Publishers, 1972. [N. do E. americano]

deveria ser feito por meio da tomada do poder de Estado, para então se avançar rumo ao comunismo, ou seria desastroso passar pelo estágio da tomada do poder de Estado? Creio que esses não são problemas tão triviais na vida real. Nas situações reais, você pode não ter opção. A opção pode ser tomar o poder do Estado e utilizá-lo, se possível — e então surge a questão, "isso é possível?" — para fins libertadores, ou apenas para aceitar os sistemas de opressão ainda piores. Esses problemas surgem todos ao mesmo tempo. Na realidade, eles surgiram na Revolução Espanhola. Aquela foi justamente a situação em que houve um debate quanto a entrar ou não no governo, e que continua até hoje.[5] Você sabe, não creio que existam respostas simples para essas questões.

Isso nos leva a uma segunda questão. Em algumas ocasiões recentes[6] *você se disse favorável a um apoio limitado e estratégico aos governos em algumas situações, como um meio temporário de proteger os cidadãos de predadores ainda piores, como algumas corporações multinacionais — "expandindo a área da jaula".*[7] *Alguns anarquistas apoiaram sua posição; mas houve outras reações menos favoráveis, o que você obviamente sabia que aconteceria.*

Temos algumas questões sobre esse assunto. Primeiro (assumindo essa distinção momentaneamente), é possível apoiar a função "boa" (por exemplo de proteção ou de bem-estar) do Estado sem, simultaneamente, dar força ao seu lado "mau", repressivo? O Estado é a melhor defesa que as pessoas têm contra as corporações? A maioria dos Estados modernos não é controlada pelas próprias corporações, as quais, em sua proposta, deveriam ser vigiadas? Você se preocupa com a separação entre os meios e os fins que o apoio aos governos acarreta? E as soluções alternativas, como as resistências comunitárias, a organização do "One Big Union",[8] *ou mesmo a criação de milícias de trabalhadores, todas as*

[5]Cf. Vernon Richards. *Lessons of the Spanish Revolution*. Londres: Freedom Press, 1983. [N. do E. americano]

[6]Cf. Noam Chomsky. *The Common Good*. Monroe, ME: Odonian Press/ Common Courage Press, pp. 84–86. [N. do E. americano]

[7]Cf. "Tigers and Cages". Editorial no *Lib Ed* 29, outono de 1998, p. 2; Larry Gambone. "What is Anarchism?". In: *Any Time Now*, Vancouver, verão 1997, pp. 1–2. [N. do E. americano]

[8]"One Big Union" é uma proposta de setores do sindicalismo revolucionário e alternativo dos EUA (mais especificamente do IWW) para a criação de uma confederação sindical única que agrupe todo o sindicalismo alternativo (sindicatos não corruptos e não criminosos) que está disperso em pequenos sindicatos ou integrado nas federações da AFL-CIO. [N. do T.]

quais permitiriam aos sindicalistas como nós, combater nas batalhas imediatas e, ao mesmo tempo, prefigurar a sociedade que estamos tentando construir?

Finalmente, quais são as implicações do seu argumento para a teoria anarquista ou anarcossindicalista? Por exemplo, você acredita que a oposição tradicional, e que acreditamos ser imutável, contra o Estado, é um princípio anarquista que precisa ser revisto, ou isso é meramente uma exceção temporária e estratégica — talvez da mesma maneira que uma anomalia no desenvolvimento da teoria na ciência — que deixa o princípio intacto (e, assim, muitas das análises anarquistas tradicionais do poder)? No primeiro caso, existem outros princípios supostamente fundamentais em relação aos quais você acredita já está na hora dos anarquistas terem uma visão mais crítica?

São muitas coisas. Lembre-me daquilo que eu esquecer. Primeiramente, deixe-me apenas buscar as origens disso. Essa afirmação não é minha, mas do movimento de trabalhadores brasileiros. Os trabalhadores brasileiros tinham algumas escolhas. Uma delas era simplesmente se subordinar a um poder absolutamente brutal. A outra era tentar expandir, em alguma proporção, a estrutura em que atuavam, e, dessa maneira, caminhar para algo além — reconhecendo que estavam numa jaula, um sistema de opressão. Ora, algum anarquista sério veria um problema em relação à escolha a ser feita? Digo, eles deveriam permanecer sob um sistema de opressão muito mais duro, em vez de conquistar alguns direitos, utilizando essas vitórias como base para algo além, descobrindo que as vitórias são possíveis, e dar continuidade a elas? Acredito que não. E nem acho que isso seja uma questão.

Consideremos algo concreto: o governo dos EUA. Ele não deu de presente as leis da OSHA,[9] mas foi forçado a aceitá-las. Às vezes o governo não aplica essas leis, mas em alguns casos é obrigado a isso. Quando ele é forçado a aplicá-las, isso salva vidas. Muitos trabalhadores morrem e se machucam no trabalho. Nos anos Reagan, o governo parou de aplicá-las e o número de feridos aumentou enormemente — quase triplicaram. Tomemos a greve da fábrica de alumínio Ravenswood alguns anos atrás, que foi feita, em certa medida, por razão dessas questões, aliás, em grande medida por razão dessas questões. Os gestores intervieram para que os operários trabalhassem em turnos de dois trabalhadores em — como eles chamam essas coisas?

[9] Occupational Safety and Health Administration [Administração da Saúde e da Segurança no Trabalho]. [N. do T.]

— poços ou algo tipo, onde se funde ferro a mais de mil graus Celsius. Condições difíceis. Os trabalhadores eram forçados a trabalhar sob condições tão pavorosas que alguns deles morriam. E isso levou às exigências para que as leis de segurança e saúde fossem aplicadas. E então aconteceu um *lock-out*, uma campanha e finalmente a vitória dos grevistas, que tiveram um apoio internacional bastante significativo. Mas o essencial foi a aplicação das leis da OSHA, para impor primeiramente multas triviais, mas depois multas bastante severas, de 250 mil dólares, por exemplo, pela violação das leis de segurança e saúde. Sem entrar nos detalhes, alguém tem dúvida sobre a posição que deveríamos tomar nessa situação?

Esse é o tipo de questão que surge a todo tempo. Vivemos nesse mundo, e não em outro. Podemos querer outro mundo, mas estamos vivendo neste, e se queremos ser relevantes para os seres humanos, se queremos resolver seus problemas, e que eles nos ajudem a resolver os nossos, devemos aprender juntos como prosseguir a um próximo estágio. Se você quer fazer parte do mundo, deve aceitá-lo tal como é. Se o problema dos operários é que eles morrem pela falta de aplicação das leis, acontece que neste mundo há somente uma instituição que pode aplicá-las, o governo — que pode aplicá-las precisamente porque ele não é totalmente controlado pelas empresas. Sim, ele é, em grande medida, controlado pelas empresas. Apesar disso, o governo neste mundo é diferente da General Electric (GE). A GE, de fato, e por princípio, é uma tirania e ponto final.

Você não tem o que dizer sobre isso. O governo, a princípio, algumas vezes, submete-se à influência popular e pode ser obrigado a introduzir medidas como as leis da OSHA, que podem salvar vidas e que, nesse caso, podem conduzir a uma vitória significativa dos trabalhadores. Além de salvar vidas, podem ainda ajudar na sindicalização das fábricas e assim por diante. Devemos nos recusar a utilizar os mecanismos que estão disponíveis para salvar as vidas das pessoas, para melhorar suas condições, para ajudá-las a compreender que ainda podemos ir muito mais longe? Não acredito que isso faça qualquer sentido. E, de fato, acredito que ninguém tem dúvidas sobre isso.

Quando vocês vêm aqui, por exemplo, se vierem de avião, não apenas estarão apoiando o Estado, mas também o Pentágono. O que é um avião comercial? É um bombardeiro modificado. Não há maneira de viver neste mundo sem compartilhar das instituições que o constituem. Podemos dizer que não nos preocupamos com os problemas dos outros — se um metalúrgico for morto ou se uma mãe pobre passar fome por falta de medidas assistenciais —, e não nos preocupamos, pois, fazer alguma coisa significa utilizar os mecanismos disponíveis e a única instituição existente que, em alguma medida, está submetida ao controle e à influência popular. Poderíamos dizer isso, mas então vamos parar de fingir que lutamos pela emancipação e pela liberdade, porque não lutamos. Talvez isso soe bem em um seminário acadêmico sobre teoria anarquista. Mas não é uma posição adequada se nos vemos como parte de uma luta pelos direitos, pela liberdade, contra a autoridade etc. Se é isso que vocês buscam, não creio que haja escolhas a fazer.

Nesse sentido, esse seria um exemplo do que, do seu ponto de vista, estaria errado na teoria anarquista?

Não. Não acredito que qualquer teoria anarquista possa negar isso. Não posso acreditar que Kropotkin, Bakunin, Rocker ou qualquer outro diria: "Não queremos a aplicação de leis de saúde e de segurança para salvar as vidas dos trabalhadores porque isso reforça o Estado". Não acredito nisso.

Isso é muito claro. Considere os salários, digamos, o "salário mínimo digno".[10] Neste momento existem muitas campanhas acontecendo em nível local, as quais insistem naquilo que é chamado de salário mínimo digno, o que significa aumentar de forma real o salário mínimo legal até o nível em que ele deveria estar, se tivesse acompanhado o crescimento da economia.[11] Até aproximadamente a década de 1960, a legislação do New Deal relacionava o salário mínimo legal com os índices de produtividade, de modo que, se a economia crescesse, ele também cresceria. Dentro de um sistema social-democrata, realmente não se questiona o controle e a dominação, mas pode-se insistir em algumas medidas de equidade.

Isso fazia sentido naquela estrutura. Em meados da década de 1960, separou-se os índices econômicos e os salários, e o salário mínimo legal ficou praticamente fixo, ao mesmo tempo em que a

[10] Utilizamos esse termo para fazer a diferenciação entre o que os americanos chamam de "living wage", ou seja, o salário mínimo "digno", suficiente para um trabalhador e sua família viverem em condições satisfatórias, e o termo "minimum wage", que é o salário mínimo "legal", ou seja, o salário mais baixo, definido em lei, que pode ser pago aos trabalhadores que têm carteira assinada. [N. do T.]

[11] Robert Pollin e Stephanie Luce falam sobre economia e política da campanha do salário mínimo digno em: *The Living Wage: Building a Fair Economy*. Nova York: The New Press, 1998. [N. do E. americano]

economia crescia. Se elevarmos esse salário mínimo ao nível que ele teria atingido se continuasse acompanhando a produtividade, ele teria aproximadamente dobrado. E você sabe, dobrar esse salário salvaria a vida de muitas pessoas, mudaria as coisas enormemente. As pessoas continuariam na linha de pobreza e não estaríamos colocando em xeque o trabalho assalariado e a dominação, mas há uma grande diferença entre estar na linha de pobreza ou abaixo dela. É uma diferença para você, para seus filhos, para sua família, para suas oportunidades e várias outras coisas que você pode imaginar — tudo.

Agora, uma lei sobre o salário mínimo digno é uma lei. Ela passa por alguma organização governamental. Por esse motivo, é errado lutar pelo salário mínimo digno? Acredito que não. Lutar por esse salário é também uma maneira de fazer as pessoas entenderem: "Olhe, nós podemos vencer. Não temos de aceitar o que acontece conosco. Há formas de agir. Podemos agir juntos e conquistar coisas." E aí você vai dizer: "Por que fazer isso por meio do governo?". Isso nos leva à questão das alternativas. Podemos construir alternativas? Sim, se soubermos que é possível fazer alguma coisa. Se as únicas opções disponíveis forem simplesmente seguir as ordens sendo você mesmo, ou tentar distingui-las da melhor forma possível num ambiente opressor, você também não estará criando alternativas.

Voltemos às alternativas. As campanhas que têm o governo como interlocutor são alternativas? Por que não organizá-las simultaneamente com outras ações? Você acha que deve escolher: ou vou fazer uma campanha exigindo o salário mínimo digno ou vou lutar pelo "One Big Union"? Não, faça os dois.

Não são escolhas contraditórias, mas formas diferentes de abordar toda a rede de problemas utilizando os meios que estão disponíveis. E esses meios podem apoiar uns aos outros. Eles tendem a apoiar uns aos outros. Você tem uma vitória aqui, volta-se para outra coisa. Essas vitórias podem contribuir com o desenvolvimento das lutas dos trabalhadores. Isso faz as pessoas compreenderem que é necessário estar juntas, identificar a opressão e enfrentá-la. Vencemos aqui hoje e podemos vencer amanhã em outras circunstâncias. Essas são as dinâmicas da luta social. Não creio que seja uma questão de escolha.

Voltando à questão da teoria, devo dizer que fico muito desconfiado quando ouço a palavra "teoria" ser utilizada em algo que tem a ver com assuntos humanos. Digo, o conhecimento é muito pequeno. Não há nada que mereça o termo "teoria", quando você tem problemas, determina soluções não óbvias e depois as verifica. O termo "teoria" é utilizado apenas como um meio de autopromoção. Você tem alguns pensamentos e ideias que estão juntos e quando quer que eles soem melhor, dá o nome de teoria. Com exceção de poucas áreas do desenvolvimento intelectual humano, o termo é mais utilizado para a autopromoção. Você sabe, teorias sociais, teorias literárias, esse tipo de coisa. Geralmente é um tipo de senso comum "bem-vestido", algumas vezes ideias interessantes, mas não nos impressionemos tanto conosco.

Se a teoria anarquista tiver princípios absolutos, há algo errado com ela. Não há uma compreensão profunda para que ela possa expressar princípios absolutos. Ela pode expressar algumas preferências, ideias, princípios-guia, mas deve sempre poder ser questionada, pois realmente não sabemos o suficiente.

Considere, digamos, a questão da escravidão assalariada. Gostaríamos de ver, e todos os anarquistas gostariam de ver, ela ser superada, o que não é uma ideia original. Também acreditavam nisso os trabalhadores americanos 150 anos atrás, que nunca tinham ouvido falar de anarquismo. Sempre se reconheceu que a escravidão assalariada não difere tanto da própria escravidão, um reconhecimento bastante profundo.

Mas nós realmente sabemos como organizar uma sociedade sem essa escravidão assalariada? Talvez descubramos que isso é impossível. Eu não acredito que seja. Mas qualquer um que não esteja aberto a essa possibilidade não está sendo muito sério. Não sabemos o suficiente sobre a organização de sociedades. É possível que uma estrutura social complexa — algo como o que existe hoje, com bilhões de seres humanos, algo muito complicado — exista e funcione sob os princípios em relação aos quais os anarquistas estão comprometidos?

E a Espanha de 1936? A Mondragón hoje? Não são exemplos suficientes de duração considerável?

Há muitos problemas. A Mondragón está enfrentando problemas muito sérios e vocês sabem disso melhor que eu.[12] Não sabe se deve explorar o trabalho para continuar competitiva, mudando suas operações de lugar. É possível superar esses problemas? Há problemas com a autogestão. Há problemas bem conhecidos com

[12]Cf. Mike Long. *The Mondragón Co-operative Federation: a model for our times?*. LLR 19, inverno de 1996, pp. 19–36; Jon Bekken. *The Limits of "Self"-Management Under Capitalism*. LLR 21, inverno-primavera de 1997, pp. 29–32. [N. do E. americano]

as empresas geridas pelos trabalhadores ou de sua propriedade. Em outras palavras, elas estão fora do mercado por opção própria ou foram expulsas? Se elas saíram por vontade própria, então há uma outra configuração dentro do sistema capitalista. Como superar isso? Pode-se pensar em algumas maneiras — integrando estruturas comunitárias e unidades de produção e assim por diante. Mas qualquer um que diga: "Eu sei que isso vai funcionar", não está sendo sério. Não temos como saber.

São essas coisas que teremos de aprender a partir das experiências pessoais. Uma pessoa diz: "Vou aceitar trabalhar nesse escritório de direito, ou, vou entrar para o governo, pois assim, utilizarei a autoridade e o poder que terei para ajudar as pessoas". E logo as pessoas se veem utilizando essa autoridade e esse poder para tudo, menos para ajudar as pessoas.

Mas é comum continuar com a mesma ideologia, dizendo: "Sim, estou ajudando as pessoas. Se fosse para ficar de fora, como vocês, eu não teria condições de ajudar como agora estou fazendo". E sabemos a que esse tipo de atitude conduz. Devemos, portanto, estar atentos a essas coisas. Isso é parte da psicologia humana, à qual todos estamos submetidos, e, de alguma maneira, devemos tentar combater esse perigo enquanto continuarmos a utilizar as alternativas disponíveis. É assim que são as coisas.

Há uma polêmica interessante nesse sentido no Partido dos Trabalhadores (PT) brasileiro; um caso interessante. Creio que esse é o movimento popular mais efetivo do mundo que conheço, mas o Partido dos Trabalhadores, que é o guarda-chuva social-democrata com membros radicais que dele fazem parte, está se tornando um tanto quanto personificado. Lula é como se fosse um líder perpétuo. Tive uma longa conversa com ele da última vez que estive no Brasil e ele me disse que não concorreria mais às eleições presidenciais, porque caso continuasse concorrendo, o partido acabaria se tornando seu partido pessoal, e não seria mais um partido do povo. Lula é um metalúrgico que estava no lugar certo na hora certa. Ele não quer que o PT seja seu partido, e, por isso, resolveu que não concorreria mais às eleições. Certo, a consequência dessa decisão seria o desmoronamento do partido pois não haveria um representante para os vários grupos que estão debaixo desse guarda-chuva. Uma situação que não é fácil de ser resolvida, pois há uma série de conflitos envolvidos.

Não há teoria que diga o que fazer nesse caso. É como as decisões que temos de tomar constantemente em nossas vidas. Qualquer um de nós que esteja numa posição semelhante terá de perguntar: "Vou causar mais danos ou mais benefícios se eu continuar concorrendo às eleições, com a grande probabilidade de o partido tornar-se um partido pessoal?". Talvez eu até decidisse que essa é a maneira correta, no pior dos casos. "Ou devo descartar as condições existentes, impedindo que aquilo que foi conseguido desmorone?"

Essas decisões nunca são fáceis e aparecem a todo momento. Nos deparamos com esse tipo de decisão, por exemplo, tentando educar nossos filhos. Não há interação humana na qual não nos deparemos com esse tipo de escolhas. É como num ambiente acadêmico, em que nos deparamos com essas questões constantemente. Por razão da existência de estruturas de autoridade, não podemos evitá-las. É como quando alguém decide se esse ou aquele estudante será capaz de continuar na escola e graduar-se. É assimétrico. Talvez exista uma maneira de lidar com isso que ninguém vê. Todavia, de qualquer forma, a estrutura existente não oferece maneiras de lidar com isso, e temos de lutar para encontrá-las o tempo todo.

*Seu pai era membro do Industrial Workers of the World (*IWW*), e você também se afiliou há pouco mais de dois anos. Quais são suas impressões sobre os Wobblies,*[13] *e quais são as perspectivas que você vê para o "One Big Union" nos próximos anos? Quais são suas opiniões sobre os sindicalistas revolucionários industriais que atuam nos sindicatos tradicionais — por exemplo, nos sindicatos associados agrupados na* AFL-CIO, *no* TUC *(Trades Union Congress) ou no* ACTU *(Australian Councils of Trade Unions) —, em outras palavras, buscando "ganhar espaço" dentro deles, entendendo esta como uma estratégia distinta daquela que sustenta a construção de outros sindicatos industriais, como o* IWW, *a* CNT, *a* CGT, *a* SAC *(Sveriges Arbetares Centralorganisation) entre outros?*[14]

Meu pai realmente foi um membro do IWW, o que ele me disse bem depois de eu ter conhecido o sindicato. Ele era um imigrante do Leste Europeu, havia desembarcado por aqui há pouco tempo, trabalhava numa fábrica com péssimas condições de trabalho, não sabia falar inglês direito e vivia em condições miseráveis. Foi então que apareceu um rapaz, que parecia estar a favor dos trabalhadores, propondo que ele entrasse para o sindicato, com o que ele concordou.

[13] Apelido pelo qual são conhecidos os membros do IWW. [N. do T.]
[14] As siglas sem descrição fazem parte do glossário ao final do livro. [N. do E.]

E isso terminou no IWW. Eles estavam se organizando nas fábricas, algo interessante, e dizendo as coisas certas.

O que eu acho do IWW? Acredito que há boas ideias, mas ele tem de encontrar maneiras de tornar-se parte essencial da consciência das pessoas comuns, trabalhadoras ou não, e isso não é uma tarefa simples. Há aspectos de sua estrutura que, pessoalmente, me incomodam. Na realidade, tenho dificuldades de lidar com o IWW. Do meu ponto de vista, há muita burocracia para a resolução de questões técnicas simples, como lembrar todo mês os associados de darem sua contribuição. Eu simplesmente não consigo lembrar todo mês. Gostaria, de alguma maneira, de evitar esses assuntos mais técnicos. Não gosto de fazer parte de organizações, de ir a reuniões, de preencher documentos, e acredito que há muitas coisas desse tipo acontecendo. Talvez muita energia esteja sendo gasta nisso. De qualquer forma, essa é uma questão insignificante, e há maneiras simples de resolvê-las.

Creio que as questões mais difíceis são aquelas sobre o que fazer quando existem organizações paralelas. Trabalhar dentro de sindicatos industriais como o AFL-CIO ou criar outros? O problema, novamente, pode ser a palavra "ou". Por que não fazer os dois? Suponha que você estivesse na empresa de alumínio Ravenswood — tomemos esse exemplo. Teria sido um raciocínio extremamente equivocado, em termos das esperanças para a organização futura, e teria sido realmente imoral, esquecendo qualquer teoria, não participar da luta dos trabalhadores que estavam tentando sobreviver naquelas condições. E a maneira de fazer isso era por meio do sindicato, o sindicato dos metalúrgicos, que não é uma organização maravilhosa. Então você diz: "Estou com vocês, trabalhando no sindicato dos metalúrgicos". Ao mesmo tempo, você pode estar organizando um agrupamento do IWW dentro dele, mostrando o que está errado com o sindicato dos metalúrgicos, e que ele faz parte do problema que está ocorrendo. Isso acontece o tempo todo. Como por exemplo nas greves de Illinois alguns anos atrás, na Staley e na Caterpillar. Houve um *lock-out*, num esforço cruel feito pelos gestores para destruir o sindicato. Ao mesmo tempo, os trabalhadores foram traídos pela liderança sindical. É importante compreender essa realidade e você tem de compreendê-la quando trabalha com lideranças. E essa compreensão, de fato, trouxe mudanças na liderança, e mudanças saudáveis.

A vida é assim. Temos de fazer todas essas coisas ao mesmo tempo. Não são alternativas para escolhermos entre uma ou outra. O problema é conceber as maneiras de combiná-las. Se você for um marxista-leninista sectário e tiver um livro de regras, pode apenas se sentar e ler o seu livro, independente das circunstâncias.

Aí você se levanta numa reunião e diz: "Vamos esmagar os capitalistas e destruir o Estado", e coisas desse tipo. Isso é bom se você quer fazer qualquer coisa. Mas se você quer ter um papel significativo no avanço em direção aos ideais que diz defender, então você terá de se ajustar. Deverá aprender com os outros. Deverá modificar aquilo que está fazendo, suas escolhas e tudo mais, de acordo com as opções que estiverem disponíveis e o nível de consciência e de preocupação das pessoas com as quais você estiver lidando, e que você pode não compreender. Você terá de aprender isso com elas.

Você está me dando a impressão de ser muito mais pragmático do que eu jamais poderia imaginar! Um exemplo foi o "expandir a área da jaula". E agora, dupla afiliação e dupla estratégia nos sindicatos.

Eu não quero dizer que essa seja uma fórmula para tudo. É algo que algumas vezes poderia ser razoável. Por exemplo, no caso que estávamos falando, creio que seria razoável. Em outros casos, poderia não ser.

Posso ouvir alguns socialistas autoritários gritando: "É isso que nós sempre dissemos!". Há algumas coisas que são claramente distintas, mas esse seu ponto de vista, eles com certeza apoiariam. Essa é, e sempre foi, a posição de grupos como a Militant Tendency da Inglaterra. É a posição do WSA *(Workers Solidarity Alliance), o que não deixa de ser engraçado, já que seus militantes buscam "ganhar espaço" dentro de outros sindicatos, mesmo estando na* AIT.

Todavia, lembre-se de que há uma diferença. Você pode "ganhar espaço" da maneira que faz um partido de vanguarda — o qual busca conseguir o controle sobre a classe trabalhadora, a partir de um comitê central, dizendo que, de alguma maneira, fará coisas maravilhosas. Ou você pode concordar em dar apoio às pessoas que têm de trabalhar em condições horríveis. Sim, você pode concordar com isso. E, nesse sentido, vocês todos estão buscando ganhar espaço dentro do sindicato, mas com uma concepção diferente em mente. E isso se evidencia muito rápido nas situações práticas.

E há outra coisa sobre a organização da comunidade e do local de trabalho. Essas também não são alternativas para escolhermos entre uma ou outra. São ambas necessárias e, a menos que estejam integradas, nenhuma delas funcionará.

Eu não sou um oráculo. Se há algo de correto naquilo que estou dizendo, deve ser um senso comum. Se não for, provavelmente devo estar errado. Ninguém, nem eu seguramente, tem compreensões profundas sobre como devemos lidar com os problemas sérios da vida, que são quase sempre problemas táticos. Você sabe, as pessoas tendem a dizer que as táticas não são importantes, mas elas possuem implicações humanas. As táticas são escolhas muito difíceis e nos deparamos com elas a todo tempo. Considere a desobediência civil, as atividades de resistência — digamos, a destruição de mísseis nucleares. Essa é a tática correta ou não?

Algumas pessoas recebem respostas de Deus, mas nisso eu não estou interessado. Se você não recebe as suas respostas de Deus, se isso não se trata de algo entre você e ele, mas entre você e o bem-estar da vida, será uma questão muito difícil de ser respondida. Algumas vezes uma tática pode estar completamente errada. Ela pode alienar as pessoas, reforçar o apoio à autoridade e ao militarismo e marginalizar os protestos. Ela pode ter todos esses efeitos. Você deve se perguntar: "A utilização dessa tática produzirá ditos efeitos, ou fará com que as pessoas reflitam sobre coisas que não percebiam e, talvez, fará com que elas deem passos por si mesmas, o que nunca tinham feito antes?". O que realmente aconteceria? A ação em si mesma não está certa nem errada. Se estivermos fazendo as coisas com seriedade, nos prepararemos com trabalho de organização e de educação suficientes, de forma que as pessoas entendam isso de maneira construtiva. Caso contrário, será não apenas perda de tempo, mas até algo prejudicial.

Apenas um pequeno parêntese. Você mencionou que há uma diferença real, que se manifesta de maneira muito rápida, entre aqueles que estão buscando "ganhar espaço" de maneira autoritária e aqueles que estão trabalhando com as pessoas nas lutas imediatas, e ao mesmo tempo sustentando esse projeto mais amplo. Estou chocado com o exemplo de Rose Pesotta, que trabalhou no ILGWU *(International Ladies Garment Workers' Union) e tornou-se uma oficial. Ao mesmo tempo, havia outros que diziam que aquele era um sindicato comprometido com uma aliança com os patrões, e houve conflitos nesse sentido.*[15] *Como essa diferença realmente se manifesta?*

[15]Elaine Leeder. *The Gentle General: Rose Pesotta, Anarchist and Labor Organizer.*

Ela se manifesta de muitas maneiras diferentes. Como lidar, exatamente, neste momento, por exemplo, com as *maquiladoras* na Guatemala? Não é algo comum. Queremos lutar por padrões decentes de trabalho na Guatemala, mas não queremos que aquelas mulheres guatemaltecas pobres, as quais estão sendo destruídas, passem fome até a morte caso as fábricas mudem-se para outro lugar. As questões de solidariedade internacional que enfrentamos de imediato são muito sérias. Uma das razões — eu nunca escrevo sobre isso — é que não há fórmulas. Cada situação é diferente e deve ser analisada em seus próprios termos — a partir das mesmas ideias-guia, que resultarão em várias e distintas conclusões, dependendo das circunstâncias.

Outro exemplo. Considere os economistas que defendem que se tentarmos impôr padrões decentes para os trabalhadores do comércio apenas prejudicaremos os pobres, que não vão conseguir empregos. Há muita coisa errada com essas ideias, mas há circunstâncias em que elas podem estar corretas. Se não houvesse uma solidariedade internacional suficiente, capaz de impedir a indústria têxtil de se mudar para outro país com condições de trabalho ainda piores, dessa forma, sim, você estaria prejudicando aquelas pessoas ao insistir no estabelecimento de padrões decentes de trabalho. E não sabemos. Não há uma resposta genérica para todos os casos. Sabemos quais são nossos objetivos, mas teremos de seguir por diferentes caminhos para alcançá-los. Algumas vezes, trabalhar em sindicatos corruptos e até criminosos pode ser melhor do que outras alternativas.

As acusações de promoção do anarquismo de estilo de vida, feitas à grande parte do movimento anarquista, voltaram à tona recentemente, numa publicação de Bookchin.[16] *Você acredita que essa questão do anarquismo de estilo de vida existe de fato? De maneira mais geral, quais são suas posições sobre a estratégia, defendida por algumas pessoas, de se concentrar em primeiro, em segundo e em terceiro lugar na organização industrial, pelo local de trabalho, preocupando-se depois com as questões comunitárias? E quais perspectivas, se é que há alguma, você vislumbra para uma forte, ou mesmo exclusiva atuação em nível comunitário, como que, por exemplo, em alguma variação*

Albany: State University of New York Press, 1993. Para uma perspectiva mais crítica, cf.: Sam Dolgoff. *Fragments*. [N. do E. americano]

[16] Murray Bookchin. *Social Anarchism or Lifestyle Anarchism: An Unbridgeable Chasm*. Edinburgh–San Francisco: AK Press, 1995. Cf. Murray Bookchin. *Anarquismo, crítica e autocrítica*. São Paulo: Hedra, 2011. [N. do E.]

do "municipalismo libertário" de Bookchin,[17] *que minimiza a importância da organização industrial ou mesmo a ignora completamente, afirmando que ela é (para simplificar) irrelevante numa sociedade "pós-industrial"?*

Bem, quanto ao estilo de vida, acredito que deveríamos tentar criar um mundo em que as pessoas tivessem a maior liberdade possível para escolher seus próprios estilos de vida, sem serem ridicularizadas, oprimidas e mortas. Mas é claro que há limites. Se o estilo de vida de alguém implicar bater na cara dos outros, a comunidade não aceitará tais atitudes. Por isso, aqueles que dizem: "Vou restringir seu estilo de vida" têm obrigação de justificar essa atitude.

Creio que essa crítica ao anarquismo de estilo de vida esteja voltando à tona, devido a alguns posicionamentos. Por exemplo, algum tempo atrás, eu estava numa reunião e as pessoas falavam da necessidade que tínhamos de superar o capitalismo, e alguém disse que trabalhar para um capitalista era reforçar o capitalismo, e que deveríamos, portanto, viver em squats *e comer sobras de restaurantes.*[18]

Bom, se é isso que a pessoa quer fazer, tudo bem. Mas você sabe que a maioria delas vai querer uma vida para além disso. Elas vão querer ter coisas, vão querer que seus filhos tenham coisas, que eles sejam educados, vão querer ter a possibilidade de ter uma hora para caminhar no bosque, enfim, muitas outras coisas. Se você quer essas coisas, terá de aceitar algumas características da sociedade existente. Para algumas pessoas, talvez para os privilegiados, seja possível "jogar esse jogo", mas a maioria das pessoas não pode. Então, se esse é seu estilo de vida, tudo bem, mas não fique querendo impôr seu estilo aos outros. Se outros o escolherem, muito bem, mas não creio que muitos o farão. E se não o fizerem, tudo bem. As pessoas têm o direito de escolher seus estilos de vida, ainda que isso envolva compromissos como trabalhar para um patrão. Se isso expandir a sua jaula o máximo possível, pode ser a escolha correta. Não temos o direito de dizer para as pessoas não fazerem isso.

[17] Murray Bookchin. *The Philosophy of Social Ecology*. Montreal: Black Rose, 1995. Duas introduções ao municipalismo libertário são: Murray Bookchin. "The New Municipal Agenda." In: Janet Biehl (org.). *The Murray Bookchin Reader*. Londres: Cassell, 1997, pp. 173–196; Janet Biehl. *The Politics of Social Ecology: Libertarian Municipalism*. Montreal: Black Rose, 1998. [N. do E. americano]

[18] *Squats* são ocupações urbanas, muito comuns na Europa e nos EUA, levadas a cabo geralmente por jovens. Os moradores dos *squats* costumam comer as sobras de grandes lanchonetes e restaurantes dispensados no final do dia. [N. do T.]

Se o anarquismo de estilo de vida envolver a imposição de estilos de vida aos outros, não estou de acordo. Se for uma questão de se dizer: "Tenho o direito de ter o meu próprio estilo de vida e, a menos que eu esteja te prejudicando, você não tem o direito de me dizer para não adotá-lo", então eu estou de acordo. Não vejo mais nada implicado nessa questão.

Com relação às sociedades pós-industriais e o comunitarismo exclusivo, não creio que o que você diz esteja correto. As pessoas sempre trabalham juntas, seja numa fábrica ou em qualquer outro lugar, e nesses locais, apenas as atividades comunitárias acontecem. E, de fato, se não houvesse atividade comunitária acontecendo, não haveria nada. Considere esse departamento acadêmico. É uma pequena unidade, mas todos trabalham juntos. E você não pode falar que há contribuições de uma só pessoa. É como quando converso com um estudante. Estou aprendendo com ele e espero que ele esteja aprendendo comigo. Ambos estamos modificando nossa forma de pensar. Nós trabalhamos juntos, trabalhamos com os outros...

Essas são unidades sociais que funcionam para produzir algo. Nesse caso, não são apenas relações, mas algo além disso. Toda a sociedade é organizada dessa maneira, e se não fosse, as pessoas estariam sendo diminuídas. Eu odiaria um mundo que não fosse assim, um mundo em que todos ficassem sentados em seus computadores enviando sua produção para outras pessoas. Seria o próprio inferno. Mas isso não existe, não vai existir e temos sorte por isso.

Contanto que as pessoas estejam vivendo criativamente suas próprias vidas, espero que da maneira mais criativa possível, e em grupos — e essa é uma grande parte da criatividade, uma parte fundamental dela —, surgirão questões sobre como esses grupos devem se organizar. Num mundo real, esses grupos podem ser muito grandes, podem envolver subgrupos, o que envolve a questão do federalismo. Nesse momento, surge a questão de como eles interagem com outros tipos de grupos dos quais as pessoas fazem parte. Você não é apenas parte de seu local de trabalho, você também é parte de sua comunidade. E ela deve ser organizada. O que você vai fazer com as escolas, as estradas, os sistemas assistenciais etc.? São apenas questões distintas. Elas requerem diferentes tipos de organização e as pessoas estão envolvidas em todas elas. Não são duas alternativas para escolhermos entre uma ou outra; uma não sobreviverá sem a outra. Enquanto a organização do local de trabalho e da comunidade existirem, ambas sobreviverão. Não é uma questão de escolha.

Você tem uma história longa e extraordinariamente admirada de apoios generosos em favor de muitas lutas de "libertação nacional" no mundo. O que você diria para os anarquistas que têm interesse de lutar contra as violações massivas de direitos humanos e outras formas ostensivas de injustiças sociais, cometidas sob a supervisão ocidental, em países como Vietnã, Camboja, Palestina, África do Sul, Nicarágua, El Salvador, Guatemala, Filipinas, Indonésia, Timor-Leste — tragicamente, essa é uma lista parcial —, mas que se recusam a apoiar os movimentos de "libertação nacional"? Eles argumentam que a ideologia predominante nesses movimentos, geralmente, é um nacionalismo autoritário implacável, sempre acompanhado de variantes do marxismo-leninismo ou do maoísmo. Esses movimentos querem tomar o controle das estruturas estatais existentes e não modificá-las, e podem ser tão brutais e corruptos como os regimes superados, uma vez que estiverem no poder.

Isso é verdade, e eu nunca percebi estar apoiando movimentos de libertação nacional. Por isso não apoiei os sandinistas, a Organização para Libertação da Palestina (OLP) ou a liderança vietnamita e assim por diante. Eles sabiam disso.

Lembro-me de minha visita à Indochina no fim dos anos 1960. Eu fiz a rigorosa entrevista com Pham Van Dong, o primeiro-ministro, e quando entrei na sala, ele estava sentado, cheio de pompa, com uma tradução francesa do meu livro *O poder americano e os novos mandarins* em sua mesa. Ao começar a conversa — falávamos em francês —, perguntei o que ele tinha achado do livro e ele respondeu que era "*trop anarchiste*" — muito anarquista. Sabíamos exatamente nossas posições naquele momento, e não estávamos na mesma sintonia. Se eu estivesse apenas tentando acabar com a guerra dos EUA contra o povo do Vietnã, tudo bem, mas eu seguramente não apoiaria o que ele estava fazendo, e ele sabia disso. Dessa maneira, nada tivemos a tratar sobre questões ideológicas. Eu não estava apoiando seu governo ou seu movimento; estava apoiando o direito das pessoas serem livres da dominação e, nesse caso, do massacre estrangeiro.

É a mesma coisa em todos os outros casos. No caso dos palestinos, a primeira vez que falei sobre o tema, foi para criticar a OLP, mas foi uma crítica interna. Acredito que os palestinos devem entender os problemas, e provavelmente melhor do que eu. E por isso estamos apoiando seu direito de livrarem-se da tortura e da repressão, e também seu direito de fazerem aquilo que possa nos parecer errado.

Eles têm o direito de escolher aquilo que acham melhor, ainda que eu julgue a escolha errada, porque eu não sou Deus, não sou um ditador, e posso tentar explicar que eles estão errados. E talvez eu esteja errado. Mas se essa for a escolha deles, então tudo bem; eles têm o direito de escolher e de não serem impedidos de fazer isso pela força e pela violência vindas de fora. Isso é tudo o que para mim significa apoiar um movimento de libertação nacional.

Foi o mesmo na Nicarágua. Quando costumava ir para a Nicarágua nos anos 1980, eu era constantemente chamado pela liderança sandinista que me pedia para explicar o porquê de minhas posições tão críticas em relação a eles. Na verdade, eles estavam confusos; não entendiam. Falávamos sobre o tema e eu tentava explicar que acreditava que eles estavam cometendo sérios erros, que deveriam repensar as coisas e que provavelmente seriam derrotados. Eu acreditava que eles perderiam numa eleição livre e disse isso a eles. Não vejo qualquer contradição entre isso e a oposição à agressão dos EUA e ao terror na Nicarágua.

É, de certa maneira, a mesma coisa que a questão de não sabermos onde nos organizar. Digo, eu não me organizo numa fábrica de aço e isso acontece pois não estou lá. Por isso não me organizo lá. Se os metalúrgicos quiserem, por exemplo, fazer uma reunião para apoio de uma greve, terei prazer em participar e fazer uma palestra. Eu ficaria feliz de fazer isso, e esse é o tipo de contribuição que posso dar de onde estou. Mas eu não vou organizar a fábrica. Acontece o mesmo com os movimentos de libertação nacional, digo, não vou entrar para as guerrilhas nas montanhas. Se eu entrasse, creio que seria mais um problema do que uma ajuda. O que eu posso fazer é viver onde estou, numa posição de grande privilégio, um privilégio indecente que não deveria existir, mas existe — e na posição de privilegiado, que me dá acesso a recursos e oportunidades, eu posso, de fato, fazer algo por eles. Mas isso não significa apoiar seus movimentos, mas seu direito de escolher o que eles querem fazer, e ter, assim espero, intercâmbios amigáveis sobre aquilo que acredito estar errado.

Dessa maneira, estou de acordo com os anarquistas de que não devemos apoiar esses movimentos. Nunca devemos apoiá-los; devemos apoiar o direito das pessoas entrarem para o movimento, se acharem que isso é certo para elas, sem que ninguém as impeça, e sem as impedirmos, pois temos um papel nisso. O que o governo dos EUA faz, nós podemos influenciar. Podemos escolher não fazer isso, mas devemos reconhecer que é uma escolha. Como aquelas pessoas ontem à noite,[19] que poderiam fazer muitas coisas. Elas estão na mesma posição privilegiada, e se não quiserem utilizar esse privilégio para ajudar as pessoas, bem, é uma escolha que não me parece a melhor.

Você está com 70 anos hoje. Você tem planos para se aposentar do MIT *e talvez investir mais seu tempo no trabalho de militância, inclusive viajando mais?*

Sim, tenho todo tipo de planos, mas ainda não estão muito definidos. Acredito que me aposentarei logo, mas isso depende de muitas coisas. Não posso ficar mais tempo viajando do que eu já fico, pois já viajo muito. Não estou certo de como dividirei a minha vida; eu nunca soube disso. Não estou tentando esconder nada, eu apenas não sei.

Tradução: Felipe Corrêa

[19] Algumas centenas de membros de faculdades, comunidades e estudantes compareceram a uma palestra pública sobre "intervenção humanitária" feita por Chomsky na Harvard University na noite anterior a essa entrevista. Para um tratamento da história de tais intervenções e as questões legais e filosóficas envolvidas, cf.: Noam Chomsky. *The Umbrella of U.S. Power. The Universal Declaration of Human Rights and the Contradictions of U.S. Policy*. Nova York: Seven Stories Press, 1999. [N. do E. americano]

ALGUMAS QUESTÕES SOBRE O ANARQUISMO†

O que é bom e o que é ruim na estrutura organizacional dos leninistas, dos anarquistas e dos social-democratas, levando em conta seus conceitos táticos e organizacionais?

A questão é muito ampla. Os vários grupos tiveram todo tipo de estruturas organizacionais e conceitos táticos e organizacionais ao longo dos anos. Existem algumas tendências que se diferenciam, o que já se sabe bastante, de maneira que não preciso repetir. Discuti em outras oportunidades por que defendo os conceitos de organização e as estruturas anarquistas — tática é uma outra questão, que tem sido duramente debatida (e corretamente, acredito) dentro de cada grupo e entre eles, considerando as circunstâncias em que surgem as considerações táticas. Em termos bem gerais, creio que Bakunin estava certo sobre a necessidade de construirmos o futuro na própria sociedade presente, e que os fatos que são construídos determinarão o futuro, se eles tiverem sucesso. Se as organizações de hoje são hierárquicas, autoritárias e tomam suas decisões de cima para baixo, esse é o tipo de sociedade que provavelmente surgirá de sua prática. Se as organizações forem participativas e livres, utilizando-se da autogestão e, quando muito, com as responsabilidades delegadas temporariamente, essa prática pode (não obrigatoriamente) ser o resultado de seu possível sucesso. Levando em conta a generalidade da questão, não vejo o que mais pode ser dito.

Você defende o Estado de bem-estar social e isso não é comum para um anarquista. A maioria dos anarquistas, George Woodcock por exemplo, acredita que o Estado de bem-estar viola a liberdade individual. O que você acha disso?

Parece-me que sua questão fundamenta-se em sérias confusões, as quais talvez resultem de uma tendência desastrosa que existe entre os intelectuais: o fato de impressionarem-se com *slogans* que, frequentemente, estão distantes dos problemas da vida real das pessoas.

† Entrevista provavelmente realizada no fórum do site da *Z Magazine*. Sem data e nome dos entrevistadores. [N. do E.]

Para esclarecer o que realmente está em jogo, vamos deixar os *slogans* de lado e nos voltarmos a algumas questões reais e atuais do mundo. Considere, por exemplo, o *lock-out* na Ravenswood Aluminium há alguns anos, que ocorreu depois do protesto de seus trabalhadores em razão das violações de proteção, que os estavam matando. A empresa, em conclusão, rendeu-se depois de uma longa e amarga greve, que teve esforços significativos de solidariedade e pressões que foram suficientes para fazer com que o governo reforçasse a legislação de saúde e segurança (OSHA), impondo penas severas às empresas que violassem essas leis. Isso foi uma vitória dos trabalhadores (parcial, como sempre) e levou à melhoria das condições de trabalho. O reforço da legislação de saúde e segurança é parte do que chamamos de medidas do "Estado de bem-estar social".

Tomando sua declaração literalmente, você está dizendo que apoiar os trabalhadores da Ravenswood, os quais pretendiam preservar os padrões de saúde e segurança, é uma atitude que "não é comum" para os anarquistas. Está dizendo ainda que "a maioria dos anarquistas" considera erradas as medidas para proteger a vida dos trabalhadores porque elas "violam a liberdade individual". Eu não conheço anarquistas desse tipo que você descreve e nem gostaria de conhecer.

Há muitos outros casos. Por exemplo, as medidas que visam dar assistência de saúde para quem necessita ou dar comida para crianças famintas. Não acredito que "a maioria dos anarquistas" considere essas medidas do "Estado de bem-estar social" uma violação da liberdade individual ou acredite que o apoio a elas não seja comum.

Pode-se levantar uma outra questão bastante diferente. Os anarquistas propõem outras medidas para tratar desses problemas, sem pedir auxílio à autoridade do Estado. Estou de acordo. Mas isso não tem relevância para os problemas vividos pelos trabalhadores da Ravenswood, para as pessoas pobres que estão morrendo de tuberculose, para as crianças famintas, *hoje*. Seria um gesto de desprezo extraordinário com as pessoas que estão sofrendo, aproximá-las dos ditos *slogans*, que poderiam ser traduzidos, nos termos concretos da vida, da seguinte maneira: "Acabem com as leis de saúde e segurança, com os sistemas assistenciais etc., porque eles interferem na liberdade individual — esperem-nos para construir uma nova sociedade, algum dia, quem sabe". Esse gesto de desprezo seria o mesmo que dispensar tudo isso, ou algo ainda pior.

Podemos, claramente, adotar a posição de não nos preocuparmos com os problemas que as pessoas têm hoje, e querer pensar somente num possível amanhã. Tudo bem, mas isso implica não fingirmos que temos qualquer interesse pelos seres humanos e seus destinos, e que nos mantenhamos fechados em nossos seminários e nos cafés frequentados por intelectuais, junto a outros privilegiados. Ou, então, podemos tomar uma posição muito mais humana: "Quero trabalhar, hoje, para construir uma sociedade melhor amanhã" — a posição anarquista clássica, completamente diferente dos *slogans* colocados nessa questão. Essa posição está correta e levará ao apoio das pessoas que têm problemas hoje, defendendo o reforço da legislação de saúde e segurança, a generalização dos seguros de saúde em níveis nacionais, o apoio dos sistemas assistenciais para aqueles que necessitam etc. Isso não é suficiente para organizar um futuro melhor, mas é uma condição necessária. Qualquer coisa além disso receberá o bom e merecido desprezo das pessoas que não podem ter o luxo de desconsiderar as circunstâncias sob as quais vivem e tentam sobreviver.

O que você está propondo para a política de curto prazo da esquerda é, na verdade, o velho programa da esquerda social-democrata. Os partidos social-democratas agora abandonaram essas políticas. Qual é a sua opinião sobre a "Terceira Via", o "Novo Centro", o "Novo Trabalhismo" e outras políticas orientadas pelo mercado levadas a cabo pela nova social-democracia?

A primeira afirmação reflete a mesma interpretação incorreta. Os social-democratas e os anarquistas sempre estiveram em completo acordo, no geral, em relação às chamadas "medidas do Estado de bem-estar social", como as mencionas na resposta da questão anterior. Eles divergiram sobre aonde ir, a partir desse ponto em comum. Será esse o fim (o que se aproxima da posição da social-democracia)? Ou esse será o início de um processo que conduzirá a um fim muito diferente, e que será também acompanhado de esforços no sentido de construir os fatos do futuro na sociedade presente (a posição anarquista)? Não é uma questão de escolha, ambas as alternativas estão corretas.

Voltando ao resto da questão, os velhos partidos social-democratas abandonaram até os mínimos padrões humanos e não há nada a se observar em relação a eles. A mesma coisa vale para a "Terceira Via" etc., que raramente se distinguem de seu "primo conservador".

Meus comentários são muito superficiais e genéricos. Mas são assim pois as questões fundamentam-se em um nível de generalidade que não permite nada mais que isso. Creio que as questões poderiam ser reformuladas.

O que você acha do papel dos intelectuais na promoção do anarquismo?

Não há resposta. Depende das circunstâncias, das pessoas e das questões com as quais nos defrontamos.

Os anarquistas podem aprender algo com as "ciências sociais marxistas"?

Uma resposta clássica é a de Bakunin: "Sim, é claro". Assim como podem aprender com todas outras fontes. A questão está mal colocada. Se uma coisa fizer sentido, as pessoas racionais aprenderão com ela; se não fizer, não.

Você vê alguma alternativa ao socialismo de Estado?

Por que não? Incluindo as estruturas organizacionais que você mencionou...

Os anarquistas devem defender somente os objetivos de curto prazo, isto é, defender o setor social do Estado?

Se eles fizerem isso, não estarão sendo, por definição, anarquistas. A questão deveria ser reformulada: as pessoas devem ir além da defesa dos objetivos de curto prazo? A resposta parece-me muito clara: obviamente sim. Acredito que a questão fundamenta-se em algum equívoco. Quem tem defendido *apenas* lutar pelos objetivos de curto prazo e nada além disso? Até os maiores reformistas não compartilham desse ponto de vista. Novamente, há uma confusão entre a escolha de um ou outro e a escolha de ambos.

O que você pensa dos mercados em geral, socialismo de mercado etc...

Questões interessantes, mas não para um fórum. Não há respostas curtas para essas questões.

COMENTÁRIO GERAL:

Acredito que essas não são questões corretas a se fazer. Elas são muito vagas, muito genéricas, muito apartadas dos problemas reais da vida e do trabalho, muito envolvidas em verborragias que não têm muito significado. Na verdade, isso é bastante comum em grande parte do discurso intelectual, mas, ainda assim, isso não é suficiente para lhe conferir mérito.

Tradução: Felipe Corrêa

ANARQUISMO E PODER†

Algumas experiências relatadas anteriormente fizeram com que você chegasse à linguística, mas também às suas opiniões sobre a política e o mundo. Você é um anarquista libertário, e quando alguém ouve isso, devido à maneira como as questões são concebidas nesse país, há sempre muitas incompreensões — e também devido às coisas que você tem escrito. Ajude-nos a entender o que isso significa. Em outras palavras, isso não significa necessariamente que você é a favor do caos ou de não haver governo.

Os Estados Unidos estão isolados do mundo nesse assunto. A Grã-Bretanha está um pouco menos, mas os Estados Unidos estão como que em Marte. Aqui, o termo "libertário" significa o oposto do que sempre significou na história. Ser libertário, durante toda a história europeia moderna, significava ser socialista anarquista. Significava defender o princípio antiestatista no movimento operário e no movimento socialista, o qual praticamente se dividiu em dois: um lado estatista e outro antiestatista. O lado estatista levou ao bolchevismo, Lenin, Trotsky etc. O lado antiestatista, que incluía os marxistas de esquerda — Rosa Luxemburgo e outros — fundiu-se, mais ou menos, com uma grande tendência do anarquismo, naquilo que foi chamado de "socialismo libertário". Por isso, ser libertário, na Europa, sempre significou ser socialista. Aqui significa ser ultraconservador — Ayn Rand, Cato Institute e coisas desse tipo. Mas essa é uma utilização restrita aos Estados Unidos. Há muitas coisas totalmente peculiares no desenvolvimento dos Estados Unidos, e isso é parte. Na Europa, ser libertário significava, e sempre significou pra mim, ser socialista e antiestatista, a tendência antiestatista do socialismo, que se traduz em uma sociedade altamente organizada, sem qualquer relação com o caos e baseada na democracia em todos os níveis. Ou seja: controle democrático das comunidades, dos locais de trabalho, das estruturas federais construídas pela associação voluntária e espalhadas internacionalmente. Isso é o anarquismo

† Trecho da entrevista feita por Harry Kreisler em março de 2002 e publicada originalmente com o nome de *Activism, Anarchism and Power*, para o projeto *Conversation With History*. [N. do E.]

tradicional. Você sabe, qualquer um pode reivindicar o termo se quiser, mas isso é o mais conhecido do anarquismo tradicional.

Analisando os Estados Unidos, esse anarquismo tem raízes bem fortes nos movimentos da classe operária americana. Se voltarmos, por exemplo, à década de 1850, nos primórdios da Revolução Industrial, exatamente na região onde moro, no leste de Massachusetts, havia, nas fábricas têxteis, e também em outras, trabalhadoras mulheres, jovens que eram provenientes do campo. Eram chamadas de "garotas de fábrica", pois eram mulheres que vinham das fazendas e que trabalhavam nas fábricas têxteis. Algumas delas eram irlandesas que imigraram para Boston, esse tipo de pessoa. Tinham uma cultura extremamente rica e interessante. Eram — como meu tio, que nunca passou da quarta série — muito educadas, leitoras da literatura moderna. Nem se preocupavam com o radicalismo europeu, que não tinha qualquer efeito sobre elas, mas faziam parte, em muitos aspectos, da cultura literária geral. Essas trabalhadoras desenvolveram suas próprias concepções de como o mundo deveria ser organizado. Tinham seus próprios jornais. Na verdade, o período de maior liberdade de imprensa nos EUA foi, provavelmente, a década de 1850. Naqueles anos, a imprensa popular, levada a cabo pelas garotas de fábrica de Lowell e de outros lugares, era semelhante ao da imprensa comercial ou mesmo maior. Eram jornais independentes — há muita coisa interessante, se você puder lê-los agora, e surgiram espontaneamente, sem nenhum apoio. As escritoras nunca tinham ouvido falar de Marx, de Bakunin ou de qualquer outro socialista; e desenvolveram as mesmas ideias. Aquilo que elas chamavam de "escravidão assalariada", alugar a si mesmo para um patrão, não era para elas muito diferente da escravidão pessoal, em função da qual se combatia na guerra civil. Você deve lembrar que, em meados do século XIX, essa era uma posição comum nos EUA — por exemplo, as posições defendidas pelo Partido Republicano e por Abraham Lincoln. A ideia de que não há muita diferença entre vender e alugar a si mesmo não é original. Neste sentido, a ideia de se alugar, significando por isso trabalhar por um salário, parecia degradante. Era um ataque à integridade pessoal. Essas trabalhadoras desprezavam o sistema industrial que se desenvolvia, o qual estava destruindo sua cultura, sua independência e sua individualidade, obrigando-as a se subordinarem aos patrões.

Havia uma tradição que era chamada de republicanismo nos EUA. Nós somos um povo livre, você sabe, o primeiro povo livre do mundo.

Esse processo estava destruindo e minando a liberdade. Isso estava no centro de todo o movimento operário, que supunha, corretamente, que "as fábricas deveriam pertencer aos que nela trabalham". Na verdade, um de seus principais pensamentos era a condenação daquilo que chamavam de "o novo espírito da época: fique rico, esquecendo-se de tudo, menos de si mesmo". Aquele novo espírito — de que só deveríamos estar interessados no acúmulo de riquezas, esquecendo-nos das relações com as outras pessoas — era considerado uma violação da natureza humana fundamental e uma ideia degradante.

Era uma cultura americana forte e rica, que foi esmagada pela violência. Os Estados Unidos têm uma história do trabalho muito violenta, muito mais que a Europa. Essa cultura foi eliminada durante um longo período, por meio da violência extrema. Foi na época em que ela recuperou novamente suas forças, durante os anos 1930, que eu tomei contato com ela, já no seu fim. Após a Segunda Guerra Mundial essa cultura foi esmagada e, agora, está esquecida. Mas ela é muito real. Não acredito que ela tenha sido completamente esquecida; ela pode não estar tão evidente, mas ainda existe na consciência das pessoas.

Esse é um problema constante, e algo que também aparece em seu trabalho científico, isto é, o nível de esquecimento das histórias e das tradições. Definir uma nova posição significa, frequentemente, voltar às velhas tradições.

Coisas como essas estão esquecidas na cultura intelectual, mas minha impressão é que elas, provavelmente, ainda existem na cultura, nos sentimentos, nas atitudes e nas compreensões populares. Quando falo hoje, por exemplo, para um público de trabalhadores, e coloco essas ideias, elas parecem bastante naturais para eles. É verdade, ninguém fala disso mas, quando falamos sobre o fato de você ter de alugar a si mesmo para outra pessoa, ter de seguir ordens, que outro é proprietário e você tem de trabalhar para ele, que você constrói mas não possui o que constrói... Estas são noções que contrariam muito as leis da natureza. Não é necessário estudar teorias complicadas para ver que isso é um ataque à dignidade humana.

Partindo dessa tradição, sendo influenciado e continuando a acreditar nela, qual é a sua opinião de poder legítimo? Sob quais circunstâncias o poder é legítimo?

A essência da tradição anarquista, da maneira que eu a compreendo, é que o poder é sempre ilegítimo, até que se prove o contrário.

Assim, o ônus da prova está sempre sobre aquele que alega que alguma relação autoritária e hierárquica é legítima. Se não puderem justificá-la, ela deve ser desmantelada.

Pode-se, de algum modo, justificar isso? É algo muito difícil, mas acredito que, às vezes, é possível. Tomemos um exemplo: se eu estiver andando com minha neta de quatro anos de idade e ela começar a correr pela rua, e eu agarrar seu braço e puxá-la para perto de mim, isso é um caso de utilização do poder e da autoridade, mas posso dar uma justificativa para isso, e é óbvio qual seria. Talvez haja casos em que a utilização da autoridade e do poder possa ser justificada. Mas a principal questão, que sempre deveríamos nos fazer, é: "Porque devo aceitar isso?". Quem deve justificar a legitimidade do poder é quem o exerce, e nenhuma outra pessoa. A princípio, o poder é ilegítimo quando constitui uma relação de autoridade entre seres humanos que se colocam uns sobre os outros. Isto é ilegítimo a princípio e, a não ser que tenha um forte argumento demonstrando que está certo, você está errado.

Esse é o caso do uso da violência, por exemplo, nos assuntos internacionais. Qualquer um que defenda a violência tem a difícil obrigação de justificá-la. Talvez, às vezes, ela possa se justificar. Não sou um completo pacifista, e penso que a violência pode, algumas vezes, ser justificada. Pensei nisso naquele artigo que escrevi na quarta série, sustentando que o Ocidente deveria usar a força para conter o fascismo, e continuo pensando assim.[1] Agora sei muito mais sobre o assunto. Sei que o Ocidente estava, de fato, apoiando o fascismo, Franco, Mussolini e até Hitler. Eu não sabia disso naquela época. Mas achei, e continuo achando, que o uso da força para conter aquela praga poderia ter legitimidade e, finalmente, foi legitimado. Mas uma justificativa sempre tem de ser dada.

Há um ônus menor quando se considera entidades com poderes mais fracos ou essencialmente sem poderes? O ônus da prova é menor para elas?

Não, é o mesmo. Quando se considera, por exemplo, um povo vivendo sob ocupação militar ou sob regimes racistas, ele tem o direito de resistir. Realmente, todo o mundo, exceto os EUA e Israel,

[1]O primeiro artigo de Chomsky foi feito quando ele era ainda muito jovem e tratou da derrubada da Espanha republicana pelos fascistas na década de 1930. [N. do E.]

acredita que esse povo tem o direito de existir, tomando como base as resoluções da ONU.

Você está falando sobre a Palestina agora.

Da Palestina ou da África do Sul. Se observarmos, há uma resolução importante da ONU sobre o terrorismo de 1987, que denuncia a praga do terrorismo internacional e chama a todos para que façam algo para impedi-lo. Essa resolução passou com dois votos contrários, dos Estados Unidos e de Israel. A razão foi exatamente essa, explicaram eles: "Nada nessa resolução prejudicará o direito de um povo de lutar pela independência contra regimes racistas e colonialistas ou contra ocupações militares estrangeiras". O resultado disso foi que a África do Sul, Israel, e por conseguinte, os EUA contestaram, porque a resolução ia contra seus interesses. Ela garantia o direito do povo lutar contra regimes colonialistas, racistas e contra a ocupação estrangeira. Os EUA e Israel estão sozinhos nisso. Quando os Estados Unidos votam contra uma resolução, isto fica fora da história, não lemos nada sobre isso, mas acontece. A guerra contra o terrorismo não é nova, é velha. Os EUA estão sozinhos na oposição.

Acredito que, neste aspecto, o mundo está certo e os EUA estão errados. Há um direito de se resistir aos regimes racistas e colonialistas, assim como às ocupações militares estrangeiras. Mas aí vem sua questão: há um direito de se utilizar a violência para isso? Não, creio que o ônus da prova está sobre aqueles que dizem que a utilização da violência é necessária. E é algo difícil de se justificar, tanto moral como taticamente. E, sendo franco, acredito que dificilmente essa violência poderia justificar-se.

Tradução: Felipe Corrêa e Rodrigo Rosa

DILEMAS DO SOCIALISMO LIBERTÁRIO†

Ao falar sobre a doutrina leninista, numa entrevista para Tom Lane, você disse: "Não vejo qualquer razão — seja em termos lógicos ou históricos — para levá-la a sério". E, ao falar sobre bolchevismo, numa entrevista para a Red and Black Revolution, *você disse: "Se a esquerda incluísse o bolchevismo, eu me separaria completamente dela". Apesar disso, você normalmente apoia movimentos sociais progressistas, alguns dos quais aspiram muito abertamente, em nível político, a constituir um Estado autoritário "socialista" leninista. Como você lida com isso?*

Não me lembro de ter apoiado qualquer movimento que aspire, abertamente ou não, a constituir um sistema leninista.

De resto, prefiro viver nesse mundo e não num mundo de seminários abstratos. Neste mundo, as pessoas têm necessidades reais e aspirações legítimas; por exemplo, aspirações por escolas decentes, assistência médica, saúde e segurança no trabalho, água potável, proteção contra assassinos, torturadores, mísseis e assim por diante, uma lista enorme. Se a melhor maneira de conquistar esses objetivos, nas circunstâncias dadas, for cooperar com "movimentos sociais progressistas", sindicatos e outras organizações militantes, então é isso que devemos fazer, pelo menos se nos preocupamos com as pessoas reais que vivem neste mundo — sempre, é claro, tentando trabalhar com aqueles que veem o progresso de curto prazo como base para o avanço rumo às alternativas mais justas e livres, inclusive com a reconstrução radical das instituições e das relações. É óbvio demais complementar que muitos fatores devem ser considerados na vida humana. Assim, por exemplo, se essa cooperação e esse apoio levassem à ascensão de uma autocracia leninista, isso seria inadequado, não constituindo o caminho para avançarmos sequer em relação aos objetivos de curto prazo. Existem muitas outras considerações. Estes são problemas constantes da vida cotidiana, na militância e fora dela. Os problemas não surgirão se escolhermos nos distanciar das

† Entrevista realizada em maio de 2004 pelos organizadores desta compilação. [N. do E.]

pessoas reais, do mundo real — caso no qual podemos esperar também que elas, com razão, se distanciem de nós. Não vejo o problema que você menciona, a não ser como parte dos dilemas da vida que qualquer pessoa verdadeiramente preocupada com os seres humanos e a sociedade tem de enfrentar.

Em sua obra, você criticou severamente a política externa dos EUA. *Por que você não critica, com a mesma dureza, os abusos contra os direitos humanos praticados por sistemas políticos bolchevistas como, por exemplo, Cuba?*

O motivo é que eu concordo com os princípios morais mais elementares. Um truísmo moral diz que somos responsáveis pelas consequências antecipadas de nossas ações e devemos, portanto, distribuir nosso tempo e nossa energia de maneira correspondente. Posso criticar Genghis Khan se eu quiser, mas isso não tem valor moral. Entendemos muito bem esses truísmos, no caso daqueles que são estigmatizados por sistemas de poder como inimigos públicos, mas nos parece difícil, frequentemente, aplicar esses truísmos a nós mesmos — uma falha comum da cultura intelectual de elite. Considere, digamos, os dissidentes da União Soviética ou, como você colocou, de Cuba. Se eles criticarem os crimes dos EUA, o valor moral será muito baixo, porque eles podem fazer muito pouco em relação a isso. O valor moral pode até tornar-se negativo, visto que seus protestos podem reforçar os sistemas opressores nos quais vivem, suas ideologias e propagandas. Se eles condenarem os crimes de suas próprias sociedades, isso terá um alto valor moral. Todos entendemos isso imediatamente.

Esses truísmos são muito mais fortes nas sociedades mais livres, nas quais as críticas e a militância podem contribuir significativamente, influenciando as políticas e podendo ser feitas com muito menos risco pessoal. Tratam-se, realmente, de truísmos, e eles têm consequências óbvias. Uma é, por exemplo, que deveria ser profundamente imoral para as pessoas dos EUA dedicarem tanto tempo e energia para criticar os crimes do Sri Lanka quanto eles dedicam para criticar os crimes dos EUA — ou, citando as suas palavras, criticar "com a mesma dureza os abusos contra os direitos humanos praticados" pelo governo do Sri Lanka, que são, de fato, terríveis. E seria completamente criminoso se os EUA tivessem se dedicado por 45 anos a uma guerra terrorista e assassina e a um estrangulamento econômico para punir o Sri Lanka por sua "oposição bem sucedida" aos EUA, como no caso de Cuba. Isso me parece tão óbvio que eu não sei como comentar.

Pode-se, entretanto, dizer que gasto muito tempo e energia condenando os crimes de Cuba, como tenho feito regularmente, há muitos anos, aqui nos EUA. Isso inclui também entrevistas na TV e na rádio cubanas, palestras públicas e discussões em Havana, o lugar onde esse tipo de crítica pode ser importante e não há o valor moral negativo que existe na sociedade que tem suas botas no pescoço de Cuba.

O PT (Partido dos Trabalhadores) utilizou o slogan *"a esperança venceu o medo" ao se referir à sua vitória nas últimas eleições presidenciais. Hoje, um ano e meio de governo do PT, constatamos: o aumento de desemprego (a proposta eleitoreira do PT era a criação de 10 milhões de novos postos de trabalho); a queda contínua da renda do trabalhador (segundo índices oficiais), desde o primeiro mês de mandato; reforma da Previdência, taxando os inativos, em sua esmagadora maioria recebendo salários aviltantes, após uma vida inteira de trabalho; a reforma das leis trabalhistas (atualmente urdida pelos "gênios" do PT) para ser apresentada ao Congresso logo após as próximas eleições, reforma esta que anulará grande parte das conquistas realizadas pela classe trabalhadora ao longo de décadas; o engessamento das centrais sindicais, inclusive a CUT (braço sindical do PT), como tão bem o fez o governo socialista de Miterrand, na França; a política de juros elevadíssimos, gerando lucros jamais vistos por parte das instituições bancárias; geração de superávit primário bem acima do estipulado como meta acertada com o FMI, provocando cortes orçamentários criminosos em setores cruciais tais como saúde, saneamento básico e educação etc... Grande parte da população está insatisfeita e desiludida.*

Os anarquistas sempre advertiram, e a história sempre comprovou, que um partido político de esquerda no poder segue as regras do capital e do Estado, exatamente da mesma forma que os partidos de direita. Como você avalia os rumos que o governo Lula está tomando?

Lula e o PT tinham uma escolha: eles poderiam aceitar as "regras do jogo" fundamentais, estabelecidas pelos sistemas de poder dominantes do mundo e tentar fazer o melhor possível dentro delas; ou eles poderiam rejeitar essas regras e sofrer as consequências. As regras foram feitas de maneira a impedir a ameaça da democracia, submetendo os governos à disciplina do "parlamento virtual" dos investidores e credores, os quais podem destruir uma economia de várias maneiras, entre elas com a fuga de capitais e ataques especulativos às moedas, caso a política de governo for "irracional" — ou seja, dedicada às escolas e à saúde em vez de ao lucro das empresas. A responsabilidade direta desses métodos de reprimir, disciplinar as sociedades e de forçá-las a obedecer aos ricos e poderosos é dos EUA, de seus aliados e colaboradores de outras localidades. Por isso, a principal preocupação daqueles que vivem nesse sistema é ajudar a desmantelar essas regras permitindo que os governos executem mais políticas sociais decentes — nunca esquecendo, é claro, de tornar pública a crítica anarquista que você menciona, quando ela é, de fato, relevante. Talvez fosse possível para Lula e o PT seguirem o segundo caminho, como a Argentina de certa maneira fez, e talvez tivesse tido sucesso. Mas os riscos para as pessoas do Brasil não seriam desprezíveis, e deve-se pensar nisso com muito cuidado antes de recomendar essa escolha. Minha impressão, se é que ela vale alguma coisa, é que isso podia ser feito. Mas essas não são propostas que podem ser feitas levianamente e certamente não podem ser feitas em termos doutrinários e ideológicos, sem uma consideração cuidadosa das consequências, no mundo tal como é, e não como gostaríamos que fosse.

Eu gostaria de perguntar sobre a sua participação no manifesto contra a expulsão de três deputados e uma senadora do PT. *Foi um episódio no qual você "interferiu" para tornar o partido melhor e para trazer mais liberdade de expressão para dentro dele. Você acredita que exista alguma possibilidade de mudança real pela ação que se dá pelos partidos políticos? É possível alguma liberdade dentro de um partido político?*

Isso depende do que você quer dizer com "mudança real". Se você quer dizer uma mudança institucional fundamental, provavelmente não. Se você quer dizer mudanças que irão melhorar muito as condições de vida, então todos sabemos muito bem que a resposta é sim. As medidas social-democratas instituídas pela pressão popular dentro de sistemas parlamentares atingiram, inquestionavelmente, resultados não insignificantes para pessoas reais que enfrentam problemas reais. Devemos, portanto, apoiar essas medidas, e se nos recusarmos, baseados em algum suposto princípio, podemos estar certos de que aqueles que tiveram as vidas melhoradas não vão nos levar a sério, e com razão.

Você acha que os partidos políticos são uma expressão dos desejos do povo?

Até um certo ponto, sim, como a história claramente demonstra. Note que não se pode concluir disso, evidentemente, que apoiar ou criar partidos políticos seja o melhor meio de se atingir "os desejos do povo" ou mesmo que seja um meio apropriado. As ditaduras também foram, algumas vezes, "uma expressão dos desejos do povo", ainda que lastimemos o fato, mas isso não significa que devemos apoiar as ditaduras. Elas até realizaram, algumas vezes, reformas necessárias, o que, de novo, não é motivo para apoiá-las. Deve-se pensar claramente sobre essas questões e não estar rigidamente amarrado a uma doutrina.

Agora que nós compilamos a maioria de seus escritos e entrevistas sobre anarquismo, é muito claro que nos anos 1970 e 1980 você defendia mais abertamente um modelo de sociedade em acordo com as ideias anarcossindicalistas, baseadas principalmente no pensamento de Rudolf Rocker. Mais tarde, você evitou se chamar de anarquista e se identificou por um termo mais amplo: "socialista libertário". Para você, qual é a diferença entre ser um anarquista e um socialista libertário? Esse "cuidado" com o termo "anarquismo" aconteceu por pressão dos anarquistas, que cobravam de você posições mais tradicionais em relação ao anarquismo? Você sente, com frequência, esse tipo de pressão por parte dos anarquistas?

Estou surpreso com essa questão. Não há verdade alguma no que está exposto aqui. Meus escritos antigos utilizaram o termo "socialista libertário" em seu sentido europeu tradicional, referindo-se à tendência predominante do anarquismo, que incluía as principais correntes: as obras de Bakunin, de Kropotkin, do anarcossindicalismo e de outras tendências semelhantes na história do pensamento e da ação anarquistas. E nada mudou em relação a isso. O anarquismo, como já foi bem observado, "tem as costas largas", e discordo, algumas vezes fortemente, das opiniões e das ações de pessoas e grupos que se dizem "anarquistas", e vice-versa. Isso sempre valeu para todos, em toda a história desses movimentos. Não sei exatamente o que você quer dizer com "pressão". Se houver argumentos críticos sérios, naturalmente prestarei atenção neles, vindos de anarquistas ou de quem quer que seja, incluindo a extrema direita. Quais tipos de pressão poderia haver?

Na sua opinião, que contribuição os anarquistas, organizados e inseridos nas lutas populares, podem dar ao processo de emancipação da América Latina? O magonismo e o zapatismo, no México, podem ser tomados como referência para a luta no resto do continente? No momento, como deve ser organizada a resistência libertária ao capitalismo nos países pobres das Américas?

Estou com medo de que a escolha aqui seja entre alguns *slogans* vazios ou longos artigos. Esse não é o lugar para artigos e não gostaria de cair nos *slogans* vazios.

Qual é o papel dos anarquistas e dos conceitos anarquistas dentro dos novos movimentos "antiglobalização" e anticapitalistas que surgiram e surgem ainda, e que ficaram conhecidos após Seattle? Você acredita que há perspectivas de desenvolvimento do anarquismo dentro desses movimentos?

O mesmo se aplica aqui. Existem algumas propostas evidentes, que precisam ser bastante articuladas. Além dessas, precisamos nos voltar para as circunstâncias, os programas e as oportunidades específicas, buscando desenvolver estratégias para lidar com elas de forma efetiva. Não pode haver respostas gerais únicas para questões como essa.

Eu gostaria, entretanto, de fazer alguns comentários sobre a maneira como a questão está formulada. Primeiro, não existe "movimento antiglobalização", a não ser que utilizemos o termo "globalização" no sentido propagandista, inventado pelo Estado dominador do mundo e pelos sistemas de poder privado, que o utilizam para se referir a uma forma específica de integração econômica internacional que privilegia os direitos dos investidores e credores, com os direitos das pessoas sendo, na melhor das hipóteses, colocados em segundo plano. Devemos nos opor a isso, mas por que deveríamos nos opor à integração internacional, em todos os níveis, que é o sonho da esquerda e dos movimentos operários desde as suas origens modernas? Por exemplo, o que você e eu estamos fazendo agora se deve à globalização, e, esperamos que contribua com ela de maneira construtiva. Uma segunda observação é que os movimentos de justiça global não surgiram em Seattle. Eles atingiram o norte em Seattle e, então, foi impossível ignorá-los. Mas eles são ativos e têm sucesso há muito tempo no Brasil, na Índia, e em outros lugares do sul.

Em seu texto Notas sobre o Anarquismo *você escreveu: "O problema de 'libertar o homem da desgraça da exploração econômica e da escravização social e política' permanece o problema do nosso tempo. Enquanto isso durar, as doutrinas e as práticas revolucionárias do socialismo libertário servirão de inspiração e de guia." Você acha que hoje nós ainda podemos considerar o anarquismo como uma inspiração e um guia para a ação política?*

Sem a menor sombra de dúvida. E só para registrar, note que o termo que eu utilizei foi "socialismo libertário", querendo dizer anarquismo.

Tradução: Felipe Corrêa

GLOSSÁRIO[†]

Anarcocapitalismo — Também chamado de "anarcoliberalismo", o anarcocapitalismo se faz no extremo oposto do que é chamado de socialismo libertário ou de anarquismo. Na realidade, não é um tipo de anarquismo. O anarcocapitalismo defende o fim do Estado, mas não a supressão do capitalismo.

AFL-CIO — Fundada em 1886, a AFL (American Federation of Labour) é um exemplo, nos Estados Unidos, do que é chamado de sindicalismo de direita. O CIO (Congress of Industrial Organizations) foi criado em 1935 e acabou por se fundir com a AFL em 1953. Sendo a única central sindical expressiva nos Estados Unidos, a AFL-CIO é ligada, principalmente, ao Partido Democrata.

AIT — Associação Internacional dos Trabalhadores. Criada em Londres, no ano de 1864, sob o princípio de que "a emancipação dos trabalhadores deve ser obra dos próprios trabalhadores", a AIT foi um dos principais órgãos internacionalistas revolucionários ao longo da segunda metade do século XIX e nas duas primeiras décadas do século XX. Com o tempo, após ser completamente dominada pelos bolcheviques e stalinistas, juntamente com o declínio do sindicalismo revolucionário e do anarcossindicalismo ao longo do mundo inteiro durante o século XX, a AIT foi cada vez mais perdendo poder de atuação e, atualmente, não possui nem mesmo a sombra da expressividade que obteve no passado. Historicamente, pode ser dividida em algumas fases: I Internacional (1864–1876), marcada pelos conflitos entre as correntes lideradas por Bakunin e por Marx e pelo contexto da Comuna de Paris (1871); II Internacional (1889–1914), teve como principal característica a ascensão da social-democracia; III Internacional (1919–1943), fundada pelos bolcheviques para disseminar sua revolução e, após a morte de Lenin (1924), controlada pelos stalinistas; IV Internacional, fundada em 1938 por Trotsky (1879–1940), quando estava exilado no México, perdeu grande força com a Segunda Guerra Mundial, recebendo, a partir dos anos 1960 fortes influências do argentino Homero Cristali (1912–1981), que atuava

[†] Elaborado por Raphael Amaral em 2004. A presente edição conta com algumas atualizações. [N. do E.]

sob o pseudônimo Juan R. Posadas, e ainda não teve fim decretado. Há também uma tendência no anarcossindicalismo de organizações que reivindicam a AIT (no caso, fundada em Berlin, em 1922, herdeira da I Internacional) e são filiados a ela. Representando a AIT em suas seções regionais, encontramos organizações como a CNT (Confederación Nacional del Trabajo) espanhola e francesa, a FORA (Federación Obrera Regional Argentina), além de inúmeras outras seções, e há também o recente processo de ingresso da Iniciativa Anarcossindicalista (ASI), atuando na Sérvia, Israel e Palestina.

Bakunin, Mikhail Alexandrovich (1814–1876) — Revolucionário russo, é, para muitos, o principal expoente do anarquismo. Bakunin já era um revolucionário fervoroso quando, após longos debates com Proudhon (1809–1865), que Bakunin chamava de "o grande e verdadeiro mestre de todos nós", converte-se ao anarquismo, na segunda metade dos anos 1860. Dando ênfase mais à ação do que à teoria, Bakunin participou de inúmeros levantes revolucionários por toda a Europa durante a turbulenta segunda metade do século XIX. A polêmica em torno da "burocracia vermelha", citada por Chomsky, tem seu ápice nos confrontos ideológicos entre Karl Marx (1818–1883) e Bakunin, durante a I Internacional, ambos representando, respectivamente, o embate entre o "socialismo autoritário" e o "socialismo libertário". Para uma melhor dimensão desse debate, cf.: *Escritos contra Marx* (Imaginário, 2001) e também: *Socialismo e liberdade* (Coletivo Luta Libertária, 2001). Entre os inconstantes escritos de Bakunin estão *Deus e o Estado* e *Estatismo e anarquia*, ambos publicados pela Editora Imaginário.

Berkman, Alexandre (1870–1936) — Juntamente com Emma Goldman, foi um dos principais nomes do anarquismo dos EUA. Emigra da Rússia para os EUA em 1888 e, em Nova York, mantém profundas relações com Emma Goldman. Ambos influenciam-se pelas ideias de Johann Most (1846–1906). Publicam a revista *Mother Earth* (1906–1917) e o livro *Anarchism and Other Essays* (1910), de Goldman. Em 1892, após a crise da Carnegie Company, em Pittsburgh, quando o presidente da empresa, Henry Clay Frick, despede os trabalhadores de metalurgia e contrata cerca de 300 infiltrados da Pinkerton Detectives (mercenários e informantes policiais) — cuja intervenção violenta nas assembleias dos funcionários gera mortes — Berkman vai para Pittsburgh, atira em Frick três vezes e o perfura com uma lâmina envenenada. Frick sobrevive e Berkman é condenado a 22 anos de prisão. Após uma intensa campanha de Goldman, é solto em 1906. Em 1912, Berkman publica *Prison Memoirs of an Anarchist*. Em 1916, o casal lança o jornal anarquista *The Blast*, interrompido por outra prisão de Berkman. Liberto, em 1917 é preso novamente, acusado de violar o Espionage Act. Antes de ser deportado para a Rússia, em 1919, juntamente com Goldman e mais 246 revolucionários (dentre os 10 mil que haviam sido presos), Berkman ajuda a fundar a Ferrer School, em Nova York. Após dois anos na Rússia, exila-se na Alemanha e na França. Publica, em 1925, dois livros sobre a carnificina bolchevique: *The Bolshevik Myth* e *Letters from Russian Prisons*. Em 1929, publica *Now and After: The ABC of Communist Anarchism*. Foragido, pobre e doente, suicida-se no ano de 1936, em Nice.

CGT — A Confédération Générale du Travail foi fundada no ano de 1895, e até a década de 1920 possuiu prática sindicalista revolucionária. Com o tempo, passou a ser orientada pelos comunistas. Mesmo organizando uma greve geral e ocupação de fábricas com cerca de 7 milhões de pessoas no ano de 1968, passou a perder expressividade com o declínio histórico do sindicalismo.

CNT — Fundada no ano de 1910, a Confederación Nacional del Trabajo, foi, juntamente com a Federação Anarquista Ibérica (FAI), uma entidade de organização fundamental dos trabalhadores e marginalizados, para a realização da revolução comunista libertária espanhola (1936–1939). De orientação anarcossindicalista, mesmo com a sua direção tomando posturas extremamente polêmicas durante a Guerra Civil, é um fato que esse acontecimento não teria possuído o forte caráter libertário que apresentou não fosse pela participação da CNT (que na época contava com cerca de 1.580.000 aderentes). Tanto pelo contexto histórico quanto por questões internas, nunca mais obteve a expressividade do período do entre guerras.

Comuna de Paris — Por muitos considerada como o "assalto aos céus", a Comuna de Paris foi o primeiro momento na história em que os grupos sociais marginalizados estabeleceram um governo autônomo objetivando a derrubada revolucionária do capitalismo. Ocorrendo na cidade de Paris, entre 18 de março e 28 de maio de 1871, a Comuna foi influenciada principalmente pelos blanquistas e jacobinos, havendo, entretanto, alguma influência proudhoniana. Segundo Bakunin, "a Comuna foi uma negação audaciosa e bem clara do Estado, e a exaltação da ação espontânea e comum das massas, dos grupos e associações populares, porque as massas têm, eminentemente, o instinto socialista". A respeito do "massacre em massa" citado por Chomsky, não seria exagero dizer que a Comuna foi afogada em sangue. Cerca 4 mil *communards* morreram na última batalha contra o exército prussiano e francês, mais 20 mil foram executados nos dias seguintes. 10 mil tiveram de se exilar e mais de 40 mil foram presos. Dentre os presos, 91 foram condenados à morte, 4 mil foram deportados e 5 mil sofreram outros tipos de penalidades. No geral, a guerra civil em Paris gerou 20 mil vítimas. Por volta de 26 mil *communards* foram presos entre 21 e 28 de maio. Em abril, mais de 3.500 foram detidos nas lutas contra Versalhes. Entre junho e julho, mais 5 mil também foram presos. Entre presos, fugitivos e mortos, calcula-se, no total, cerca de 100 mil habitantes parisienses (mais de 5% da população da cidade). Dentre os 38.578 presos julgados em janeiro de 1875, apenas 1.090 foram liberados.

Derrida, Jacques (1930–2004) — Judeu nascido na Argélia sob a colonização francesa, Derrida tornou-se filósofo da escola do desconstrutivismo, uma metodologia analítica que vem sendo aplicada na Linguística, no Direito, na Literatura e na Arquitetura. Entre suas obras encontramos *Gramatologia* e *A escritura e a diferença* (ambas de 1967), *Glas* (1974), *Eperons. Les styles de Nietzsche* (1978), *Força de lei* (1994).

Dewey, John (1859–1952) — Filósofo, psicólogo e educador norte-americano, Dewey teve uma profunda influência na educação dos EUA, tanto com seus escritos como com suas aulas. Concretizando suas ideias na Universidade de Chicago, sua filosofia da educação, o instrumentalismo (ou pragmatismo), focava-se no aprendizado através da atividade prática; fazer para aprender (*learning-by-doing*) e não apenas crer. Essa prática era preferencial em relação ao aprendizado rotineiro que se dava por meio de instruções dogmáticas e axiomas. Um resumo destas ideias pode ser encontrado na *International Encyclopedia of Education* (Pergamon, 1994). Em sua obra, encontramos livros como *My Pedagogic Creed* (1897), *The School and Society* (1900), *Child and the Curriculum* (1902), *Democracia e educação* (1916), *How We Think: A Restatement of the Relation of Reflective Thinking to the Educative Process* (1933) e *Experiência e educação* (1938).

Fischer, Adolph (1858–1887) — Juntamente com Albert Parsons, August Spies, George Engel e Louis Lingg (que não foi enforcado pois suicidou-se com uma dinamite na boca), Adolph Fischer foi um dos Mártires de Chicago — anarquistas enforcados em 11 de novembro de 1887, após serem presos e condenados pelas agitações e pela greve de 1º de maio de 1886 (na qual cerca de 340 mil trabalhadores dos Estados Unidos pararam a produção reivindicando a jornada de trabalho de oito horas diárias, sendo que destes, 45 mil eram de Chicago). Foram esses acontecimentos que colocaram o 1º de maio como data internacional do trabalho. Fischer havia emigrado da Alemanha para os Estados Unidos em 1873. Atuou nas atividades de seu sindicato e trabalhou no jornal anarquista *Arbeiter Zeitung*, cuja edição era realizada por August Spies (1855–1887) desde 1880. Fischer foi preso junto com seus companheiros após os confrontos de 4 de maio, em que se deu o episódio da bomba arremessada contra a polícia, após ela ter interrompido um encontro em Haymarket, com mais de 3 mil pessoas. A bomba matou oito pessoas e foi atribuída a Rudolph Schnaubelt, tido, posteriormente (após ser libertado da prisão por falta de provas), como agente provocador pago pelos policiais. O número de assassinados pela polícia no confronto nunca foi revelado. Durante o julgamento, em 1887, os anarquistas foram condenados à morte.

Frères ignorantins — Ordem religiosa do baixo clero francês criada em 1680, na região de Reims, incumbida de educar trabalhadores, crianças e pobres em geral, ensinando os rudimentos do alfabeto. Em suas escolas, isso acontecia, principalmente, através de uma educação religiosa, sendo muito escasso o ensino de outros tipos de conhecimento.

Funston, Frederick N. (1865–1917) — Funston foi general do exército dos Estados Unidos e atuou tanto na Guerra Hispano-Americana (1898) quanto na Guerra contra as Filipinas (1899–1913). O saldo de assassinados pelos EUA nestas operações militares foi de cerca de 600 mil mortos. Chomsky faz menção a Mark Twain (1835–1910), cujo livro *A Defence of a General* (1902) é uma crítica das políticas imperialistas dos EUA.

Genghis Khan (1162?–1227) — Em 1206, após unificar as tribos da Ásia Central (atual Mongólia), Genghis Khan (termo que significa "grande conquistador"; seu nome original era Temujin) autoproclamou-se "imperador" dessa região. O Império mongol adquiriu um tamanho sem precedentes na História, cobrindo desde a China, passando pela Pérsia, e chegando ao Vale do Danúbio (atual região germânica).

Goldman, Emma (1868–1940) — Nascida em um gueto judeu na província russa do Kovno, aos 17 anos torna-se operária em São Petersburgo, emigrando para os EUA em 1886. Tanto o enforcamento dos quatro anarquistas de Chicago, em 11 de novembro de 1887, quanto seu contato com Johann Most e Voltarine de Cleyre (1866–1912) fazem-na aderir ao anarquismo. Em Nova York inicia uma relação amorosa com Alexander Berkman. Suas práticas como oradora e as organizações das lutas dos trabalhadores fazem com que seja mantida no cárcere ao longo de 1893. Após inúmeras ações e publicações, é deportada com centenas de revolucionários para a Rússia, em 1919. Ao deixar o país, escreve *My Disillusionment in Russia* (1923) e *My Further Disillusionment in Russia* (1924), em que desmascara o assassínio bolchevique. Após realizar algumas atividades políticas no Canadá, muda-se para França e escreve sua autobiografia, *Living My Life* (1931). Abala-se profundamente com a morte do companheiro Berkman. Participa das atividades da Espanha revolucionária. Morre em 1940, em Toronto, Canadá. Após ser autorizado pelo governo dos EUA, seu corpo é sepultado em Chicago, junto dos militantes operários assassinados no século XIX.

Guérin, Daniel (1904–1988) — Iniciando-se politicamente dentro do trotskismo (sendo inclusive cofundador da IV Internacional), com o tempo Guérin enxerga maior coerência no anarquismo, tornando-se um dos maiores nomes neste movimento. Desta fusão (e não apenas oscilação) entre suas ideias, deriva sua defesa do marxismo-libertário. Guérin atuou na CGT, na luta anticolonialista contra as políticas da França sobre a Síria e a Indochina. Em 1933 vai à Alemanha nazista, escrevendo seus relatos na obra *La peste brune / Fascisme et grand capital* (1936). Nos anos 1940, nos EUA, milita pela conquista de direitos civis dos negros e na luta dos trabalhadores. Entre os anos 1950 e 1960 (época em que adere ao anarquismo), participa dos acontecimentos da Hungria em 1956, da independência da Argélia em 1960 e do Maio de 1968 francês. É um dos fundadores, em 1969, do Mouvement Communiste Libertaire (que se funde, em 1971, à Organisation Révolutionnaire Anarchiste), redigindo as posições deste movimento no panfleto *Pour un marxisme libertaire.* Antes de morrer, Guérin ainda realizou ações antimilitaristas e, enquanto bissexual, integrou a FHAR (Front Homosexuel d'Action Révolutionnaire). Em seus escritos, destacam-se *Anthologie de l'Anarchisme: Ni Dieu, Ni Maître* (1965), *Homosexualité et révolution* (1983), *A la recherche d'un communisme libertaire* (1984). Sua obra mais notória é *L'Anarchisme: de la doctrine à l'action* (1965), publicado no Brasil, pela editora Germinal, como *Anarquismo* (1968), tendo vendido mais de 100 mil exemplares na França. A edição dos EUA, *Anarchism: From Theory to*

Practice, recebeu, em 1970, o prefácio "Notas sobre o anarquismo", de Chomsky.

Humboldt, Wilhelm von (1767–1835) — Foi poeta, filósofo, crítico literário, mas, principalmente, atuou como diplomata do governo da Prússia, além de assumir cargos centrais ligados ao departamento de educação e artes em Berlim, desenvolvendo um sistema educacional que não excluía nenhum grupo social pela sua condição econômica. Em sua vasta obra, entre periódicos e ensaios, encontramos a *Ideen zu einem Versuch, die Grenzen der Wirksamkeit des Staates zu bestimmen* (1792), na qual se debruça sobre a influência da liberdade no desenvolvimento da personalidade individual. O livro *Os limites da ação do Estado* foi publicado no Brasil pela editora Topbooks.

Hume, David (1711–1776) — Filósofo e historiador, nasceu em Edimburgo, Escócia. Aparece como uma das figuras mais importantes do Iluminismo inglês. Sua filosofia é marcada tanto pelo ceticismo quanto pelo naturalismo. Entre suas obras, podemos apontar *Tratado da natureza humana* (1730–40), *Ensaios morais, políticos e literários* (1741–1742) e *Investigação sobre o entendimento humano* (1748–1751).

IWW — Unindo 43 grupos, o Industrial Workers of the World nasceu nos EUA, em 1905, opondo-se radicalmente à AFL. Em 1908, os defensores da sabotagem, da greve geral e do boicote, encabeçados por William Haywood (1869–1928) estabeleceram a hegemonia dentro do IWW. Os Wobblies (membros do IWW) sofrem severas perseguições até quase inexistirem durante o início do século XX. Completando seu centenário em 2005, o IWW aglutina inúmeros sindicatos dos mais diversos ofícios e, além dos EUA, possui seções tanto na Europa quanto na Ásia.

Jefferson, Thomas (1743–1836) — Terceiro presidente dos EUA, governando entre 1801 e 1809. Sua administração deu-se no contexto da Revolução Francesa e da ascensão de Napoleão Bonaparte, com sua respectiva política externa francesa. É autor da Declaração de Independência (1776), cuja redação foi fortemente inspirada nas ideias iluministas de John Locke. Jefferson acreditava que a democracia era o único regime que permitiria ao homem viver dignamente. Durante as turbulências políticas pelas quais passou, proferiu a famosa frase: "Eu não temo que o resultado de nossa experiência seja que os homens possam ter confiança para governar a si mesmos sem um mestre".

Kibbutz / Kibbutzim — Etimologicamente, *kibbutzim* (plural de *kibbutz*, que deriva de *kvutza*, ou seja, "grupo") é uma palavra de origem hebraica definida como "estabelecimento coletivo". Datada de 1909, tem origem em Israel, onde jovens judeus provenientes da Europa Oriental acabaram transformando-se em pioneiros. Ocuparam o solo e tentaram praticar agricultura em terras há muito abandonadas, acabando por reinventar a cooperativa. Por meio de uma organização pautada na democracia direta, a assembleia geral de todos os membros estrutura a política, elege os diretores, autoriza os orçamentos e a entrada de novos membros. Entre a virada dos séculos XX e XXI, contava com mais de 120 mil pessoas em um país de 5 milhões de habitantes.

Kropotkin, Piotr (1842–1921) — Juntamente com Bakunin e Makhno, Kropotkin é um dos nomes mais importantes, tanto do anarquismo russo quanto do próprio anarquismo. Príncipe de Smolensk, abandona seus cargos oficiais e militares para dedicar-se à ciência e à política. Kropotkin objetivou dar um caráter científico ao anarquismo. Em 1876, ao se exilar na Europa Ocidental, toma contato com as ideias anarcocomunistas da Federação Jurassiana (1871). Segundo Malatesta (1853–1932), "Kropotkin, na realidade, encontrou, já dominante entre nós [anarcocomunistas], aquelas que depois foram suas ideias, antes de ingressar na ala 'bakuninista' do movimento internacional". Funda o jornal *Le Révolté* e fica preso na França entre 1882 e 1885. Em 1887, profere a conferência que se torna o livro *As prisões*. Antes de voltar para a Rússia em 1917, passou 30 anos na Inglaterra, onde publicou, entre outras obras *A conquista do pão* (1888), *Campos, fábricas e oficinas* (1899), *Apoio mútuo** (1902) e *Memórias de um revolucionário* (1906). Entre seus escritos ainda encontramos *A anarquia: sua filosofia, seu ideal* (1909). Adota uma postura polêmica ao apoiar os Aliados na I Guerra Mundial. Na Rússia, mesmo mantendo contato com Lenin (que o admirava e respeitava) não consegue concordar com os rumos que o bolchevismo dava à revolução. Seu funeral, em 1921, foi utilizado como protesto por milhares de anarquistas contra o regime bolchevique. ***Livro *Apoio Mútuo***: Escrito em 1902, o livro é uma resposta à distorção e vulgarização do darwinismo, mais especificamente ao artigo de Thomas Henry Huxley, "A Struggle for Life: A Programme" (1888). Em linhas gerais, Kropotkin defende que o apoio mútuo, tanto na natureza quanto nos seres humanos, é um fato cientificamente comprovado como fator de evolução das espécies, atuando em paralelo e previamente ao fator da luta constante pela vida (à qual ele não nega a existência, apenas a primazia). Em português cf.: *O Estado e seu papel histórico,*

A anarquia: sua filosofia e seu ideal e *Palavras de um revoltado*, todos publicados pela Editora Imaginário.

Libertário — O termo "libertário" é datado do final da década de 1850, quando o anarquista Joseph Déjacque (1821–1864) publicou, em Nova York, *Le Libertaire, journal du mouvement social* (27 números de quatro páginas), entre junho de 1858 e fevereiro de 1861. No estudo de Max Nettlau (1865–1944), *A Short History of Anarchism*, o autor aponta que o termo "comunismo libertário" foi adotado pelo Congresso Anarquista Francês em 1880. A disseminação do termo "libertário", por parte dos anarquistas, foi propagada na década de 1890, na França, onde os anarquistas evitavam utilizar o termo "anarquista" devido às inúmeras leis contra o anarquismo decorridas da repressão à onda de atentados terroristas à bomba praticados por anarquistas de ação individual.

Lincoln, Abraham (1809–1865) — Décimo sexto presidente dos EUA, Lincoln enfrentou a Guerra de Secessão dos EUA (1861–1865). Em 1º de janeiro de 1863, Lincoln aplica a Proclamação da Emancipação, libertando os escravos da Confederação que não estavam sob controle da União. O historiador Willi Paul Adams aponta que, numa carta ao *New York Tribune*, escrita 17 meses depois do fim da guerra, Licoln afirmou: "Meu principal objetivo nesta luta é salvar a União e não salvar a escravidão nem destruí-la; se eu pudesse salvar a União ao preço de não libertar um só escravo, eu o faria; e se pudesse salvá-la libertando todos os escravos, eu o faria; se pudesse salvá-la libertando uns e abandonando a outros, também o faria".

Madison, James (1751–1836) — Governando os Estados Unidos entre 1809 e 1817, Madison foi o quarto presidente norte-americano e, ainda vivo, era apontado como o "pai da Constituição". A Constituição norte-americana foi promulgada em 1787, porém recebeu artigos que expressavam, claramente, direitos individuais apenas em 1791, quando foram adicionadas a ela dez emendas.

Marxismo deleonista — Inspirado em Daniel de Leon (1852–1914), ex-membro do Socialist Labor Party (SLP) e participante da formação do IWW. Entre seus escritos, que inspiraram essa vertente do marxismo, estão: *Socialism Versus Anarchism* (1901), *Reform or Revolution* (1896), *What Means This Strike?* (1898), *The Burning Question of Trades Unionism* (1904), *Socialist Reconstruction of Society* (1905).

Marxistas de esquerda — Por "marxistas de esquerda" podemos designar os comunistas que, durante o período da Revolução Russa, apesar de a apoiarem, fizeram duras críticas a Lenin e aos bolcheviques, devido à imposição de seus métodos sobre a revolução. Entre tantos nomes, podemos destacar os de Rosa Luxemburgo (1871–1919), Karl Liebknecht (1871–1919), além de Karl Korsch (1886–1961), Otto Rühle (1874–1943), Hermann Gorter (1864–1927) e Anton Pannekoek (1873–1960), sendo que estes últimos, principalmente com a III Internacional, passaram a ser chamados de "comunistas conselhistas". O marxista Steve Wright argumenta que Chomsky tomou seus primeiros contatos com ideias radicais devido a relações afetuosas com um tio seu que seria comunista conselhista em Nova York.

McNamara, Robert Strange (1916–2009) — Um dos cargos na vida de McNamara foi o de Secretário de Defesa dos Estados Unidos entre 1961 e 1968, durante as administrações de John F. Kennedy (1961–1963) e de Lyndon B. Johnson (1963–1969). No período de seu secretariado (no qual 10% do PIB e 50% da soma dos demais impostos dos EUA eram destinados ao Departamento de Defesa), vivenciou o cume da Guerra Fria, passando por acontecimentos como a Crise dos Mísseis e a Guerra do Vietnã. Para maiores detalhes, ver o documentário *Sob a névoa da guerra* (The Fog of War, EUA, 2003), dirigido por Errol Morris.

Mill, John Stuart (1806–1873) — Filósofo e economista liberal inglês, defendeu a teoria ética do utilitarismo (argumentado que as ações humanas são realizadas de acordo com a proporção exata de felicidade que elas promovem ao indivíduo), o método indutivo (indução, dedução e verificação), além de outras teorias no campo filosófico. Dentre seus escritos políticos, destacamos *O governo representativo* (1806), *Thoughts on Parliamentary Reform* (1859), os ensaios *Sobre a liberdade* (1859) e *On the Subjection of Women* (1869). Em *Capítulos sobre o socialismo*, obra iniciada em 1869 e não finalizada, realiza ponderações às propostas socialistas, mas tem claro para si que as injustiças e contradições geradas pelo sistema capitalista deveriam ser resolvidas.

Mondragón Cooperativa — Resultado de um movimento de cooperativas iniciado no País Basco em 1956, atualmente é a maior cooperativa dessa região e a sétima maior da Espanha, possuindo 38 filiais fora da Ibéria (destas, cinco estão no Brasil).

Movimento cartista (1837–1848) — Movimento popular britânico que, por meio de uma "carta" de reivindicações (a primeira foi entregue ao Parlamento em 1838), lutava por reformas nas condições de trabalho (como a limitação da jornada diária) e por direitos políticos (sufrágio universal, abolição da candidatura censitária etc.).

Declinou com as derrotas dos levantes de 1848 e a ascensão de outras formas de reivindicações políticas.

Nomenklatura — Termo utilizado na antiga URSS que designava uma lista de cargos de alta responsabilidade e importância, cujos responsáveis precisavam ser aprovados pela elite do Partido Comunista. Com o tempo, o termo passou a designar as próprias pessoas dessa elite que ocupavam os cargos referidos (uma elite técnica, burocrática e intelectual dentro do próprio partido). Em toda a URSS, quem ocupava os cargos da *nomenklatura* possuía inúmeros privilégios, como comprar em lojas de estoques refinados e ter permissão garantida para poder viajar ao exterior. Era a elite burocrática que substituiu a elite capitalista. Após o fim da URSS, ela utilizou-se de suas influências para assegurar posições lucrativas nas indústrias que anteriormente pertenciam ao Estado ou, então, para comprar propriedades estatais a preços irrisórios. Na Rússia, em especial, isso conduziu à manutenção da elite oligárquica, composta por ex-membros da *nomenklatura*, agora completamente inserida na máfia russa.

OLP — A Organização para Libertação da Palestina foi criada em Jerusalém em 1964, no contexto do acirramento do conflito entre o governo israelense e os palestinos, na segunda metade do século XX. A OLP compôs-se como um órgão político de pessoas que lutavam pela criação do Estado palestino, aglutinando partidos e também alguns dos guerrilheiros que haviam se agrupado no Al Fatah (Reconquista), criado em 1959 pelos refugiados da Primeira Guerra Árabe-Israelense (1948–1949) e da Segunda Guerra Árabe-Israelense, também conhecida como Guerra do Suez (1956). Liderada por Yasser Arafat, líder da Autoridade Nacional Palestina e um dos fundadores do Al Fatah, no mesmo ano de 1964, a OLP é reconhecida pela ONU como única entidade representante do povo palestino.

Orwell, George (1903–1950) — George Orwell nasceu na Índia e mudou para Inglaterra em 1912. Autor de polêmicas com a esquerda britânica, teve o período mais intenso de sua vida política nas milícias estrangeiras que lutaram na Guerra Civil Espanhola, nas quais combateu principalmente ao lado do POUM (Partido Obrero de Unificación Marxista). Dentre suas obras, há três de maior importância política: *Homage To Catalonia* (1938), assim como o ensaio *Looking Back On The Spanish War* (1943), no qual relata suas experiências na Guerra Civil e aponta o Partido Comunista Espanhol e a URSS como principais responsáveis pela derrota dos revolucionários; *A revolução dos bichos* (1945), que apresenta uma crítica aos rumos da URSS stalinista; *1984*, redigida em 1949, faz a sombria projeção de um mundo dominado pelo Estado totalitário que, através de um rígido e vasto sistema de vigilância e controle mental ("Big Brother"), tiraniza toda a população, aniquilando quaisquer tipos de liberdades e questionamentos.

Pannekoek, Anton (1873–1960) — Revolucionário holandês, foi um dos principais nomes do comunismo de conselhos. Tendo adquirido grande notoriedade com seus trabalhos sobre astronomia, Pannekoek entra para o Partido Social Democrata em 1902, situando-se à esquerda deste, sendo expulso do partido em 1909. Durante a Primeira Guerra Mundial foi internacionalista e antimilitarista, vinculando-se à esquerda de Zimmerwald. No ano de 1918, Pannekoek atua na fundação do Partido Comunista holandês, mantendo atuação polêmica contra a participação dos comunistas nos sindicatos e no parlamento. Retira-se do PC em 1921. Ao longo de sua vida política, criticou tanto o totalitarismo de Lenin quanto o revisionismo de Kautsky. Sua crença em um marxismo voltado para a autogestão impedia a conivência com a deturpação bolchevique sobre os sovietes (conselhos de trabalhadores). Acreditava que "'conselhos de trabalhadores' é uma expressão que não designa uma forma de organização fixa, elaborada de uma vez por todas e que apenas restaria aperfeiçoar em certos pormenores; trata-se de um princípio, o princípio da autogestão operária das empresas e da produção [...] é uma questão de luta prática contra o aparelho de dominação capitalista [...]. Conselhos de trabalhadores, isto quer dizer luta de classes [...], a ação revolucionária contra o aparelho de Estado [...]; trata-se unicamente de um fio condutor para a longa e dura luta de emancipação que a classe operária ainda tem diante de si". Entre as principais obras desse notável marxista defensor da autogestão, encontramos o artigo "The Labor Movement and Socialism" (1908), *Marxism And Darwinism* (1909), *World Revolution and Communist Tactics* (1920), *Lenin As Philosopher* (1938). Sua obra principal foi publicada em 1947: *Worker's Councils*, em que teoriza sobre e defende os conselhos de trabalhadores.

Pelloutier, Fernand (1867–1901) — Pelloutier já era secretário-geral da Fédération des Bourses de Travail, quando, em 1895, com Emile Pouget (1860–1931), Pierre Monatte (1881–1960), entre outros, torna-se um dos fundadores da Confédération Générale du Travail (CGT). Segundo Monatte, Pelloutier pode ser "corretamente considerado como o pai do sindicalismo revolucionário". Ainda nas palavras de Monatte, ao falar sobre a necessidade dos anarquistas de não se refugiarem "soberbamente na torre de marfim da especulação filosófica" e adentrar ao sindicato, objetivando a revolução, ele aponta que "Pelloutier foi o homem que nessa altura [1894] melhor encarnou a evolução dos anarquistas". O que confere importância às suas ideias e ações é o fato de, por meio do sindicalismo revolucionário, ter sido um dos principais responsáveis não apenas pelo ressurgir do anarquismo (em um momento de forte repressão às ações anarquistas em decorrência, segundo Pelloutier, do "uso individual da dinamite"), mas também de todo um movimento revolucionário na França pós-Comuna de Paris (esvaziado devido à repressão imposta sobre os *communards*). Jornalista, autor de inúmeros artigos, tais como "Lettre aux anarchistes" e "L'Anarchisme et les syndicats ouvriers", ele colaborou com periódicos como *L'Aurore*, *Les temps nouveaux* e *Journal du peuple*.

Rocker, Rudolf (1873–1958) — Um dos anarquistas mais eruditos da história, ao longo de sua militância principalmente (mas não só) ligada ao anarcossindicalismo, Rocker, nascido na Alemanha, foi marcado pela Segunda Guerra Mundial. Convertido ao anarquismo na década de 1890, após passar pela esquerda do Partido Social Democrata, a militância de Rocker esteve muito ligada aos anarquistas da comunidade judaica, colaborando com a formação, em 1902, da federação de grupos anarquistas judeus, e tendo participação ativa na Associação Internacional dos Trabalhadores. Após anos de lutas, campanhas, publicações e deportações, Rocker tem de abandonar a Alemanha, em 1933 (de onde já havia saído durante a Primeira Guerra Mundial, exilando-se na Inglaterra até 1918), devido à ascensão do regime nazista, mudando-se para Nova York. Respeitado e polêmico, ele rompe com alguns antigos companheiros ao apoiar os Aliados na Segunda Guerra Mundial. Entre suas obras, podemos apontar: *Nationalism and Culture* (1937), *Anarcho-Syndicalism* (1938) e *Pioneers of American Freedom* (1949). Além disso, Rocker escreveu centenas de panfletos e esteve envolvido com a edição e publicação de artigos em inúmeros jornais.

Rousseau, Jean-Jacques (1712–1778) — Considerado por Bakunin como "o escritor mais nocivo do século passado [XVIII], o sofista que inspirou todos os revolucionários burgueses", Rousseau nasceu em Genebra, Suíça, e foi um forte expoente do Iluminismo. Compôs, com Denis Diderot (1713–1784) e Jean Le Rond d'Alembert (1717–1783), entre outros, a *Enciclopédia* (17 volumes editados entre 1751 e 1772). Em suas obras, destacam-se *Emílio* e *O contrato social* (ambas de 1757). Nesta, contesta as posições de John Locke (1632–1704) e de

Thomas Hobbes (1588–1679), que defendem que a sociedade estabelece o contrato social em que os homens garantem a segurança geral por meio da figura do Estado, cujo poder tem extensão diferenciada. Para Rousseau, ao deixarem o estado de natureza, os homens estabeleceram entre si um pacto (contrato), pelo qual todos seriam iguais perante as leis, sendo que o Estado se originaria da manutenção deste pacto.

Russell, Bertrand (1872–1970) — Foi filósofo (tanto da Matemática quanto da Linguagem), teórico de Lógica e ensaísta inglês, um ferrenho defensor da paz durante a Primeira e Segunda Guerra Mundial (sendo inclusive preso por isso durante a década de 1910), atuando também na Campanha para o Desarmamento Nuclear. Em 1950 ganha o Prêmio Nobel de Literatura. Em sua vasta obra podemos encontrar títulos como *The Principles of Mathematics* (1910), *The Problems of Philosophy* (1911), *War, Offspring of Fear* (1915), *Roads to Freedom: Socialism, Anarchism and Syndicalism* (1918), *The Practice and the Theory of Bolshevism* (1920), *Marriage and Morals* (1929), *Why I am not a Christian and Other Essays on Religion and Related Subjects* (1957).

Santillán, Diego Abad de (1897–1983) — Foi um revolucionário espanhol cujas atividades principais deram-se no período da Guerra Civil Espanhola, tanto dentro da CNT quanto na Federación Anarquista Ibérica e no Comitê de Milícias Antifascistas. Além de ser redator do diário *Solidaridad Obrera*, dirigir o semanário *Tierra y Libertad* e a revista *Timón*, e fundar a revista *Tiempos Nuevos*, Santillán é autor de uma ampla gama de obras de caráter revolucionário, dentre elas *Psicología del pueblo español* (1917), *La FORA. Ideología y trayectoria del movimiento obrero revolucionario en la Argentina* (1933), *¿Por qué perdimos la guerra?* (1940). No Brasil, sua obra mais conhecida é *Organismo econômico da revolução: a autogestão na revolução espanhola*, (Brasiliense, 1980). Este é o livro comentado por Chomsky, com o título de *After the Revolution*, publicado originalmente em 1937 pela Greenberg Publisher e, posteriormente, em 1996, reeditado pela Jura Media, em Sydney.

Smith, Adam (1723–1790) — Economista e filósofo escocês, Adam Smith ficou marcado na História principalmente devido ao seu livro *A riqueza das nações* (1776). Uma das principais figuras do Iluminismo, é autor de *Lectures on Jurisprudence* (1766) e *Essays on Philosophical Subjects* (1795). Em linhas gerais, no livro *A riqueza das nações*, ele trabalha conceitos como divisão do trabalho, função de mercado, a implicação internacional da economia do *laissez-faire*. Seu pensamento dá base para o que se chamou de liberalismo econômico, pois defende que a economia possui um campo autônomo para si mesma, e que o mercado, por meio da "mão invisível", se autorregularia sem a necessidade de intervenção estatal e que justamente esta intervenção, tanto na produção quanto no comércio, seria nefasta à eficiência da economia.

Souchy, Augustin (1892–1984) — Nascido em Ratibor, Alemanha, suas viagens o fizeram estabelecer contato com Berkman, Emma Goldman, Erich Mühsam (1878–1934), Nestor Makhno (1889–1935) e Buenaventura Durruti (1896–1936). Escapou do alistamento militar ao emigrar da Alemanha para a Suécia em 1915. Ao voltar, funda, em 1919, com Rudolf Rocker e Arthur Lehning (1899–2000) o Freie Arbeiter-Union Deutschlands (FAUD), atuando, de 1922 a 1933, como editor do jornal do sindicato, *Der Syndikalist*. Com Rocker, também atua junto aos trabalhadores da comunidade judaica. Após a ascensão do nazismo em 1933, exila-se na França. Foi um dos três secretários da Associação Internacional dos Trabalhadores (AIT) antiautoritária. Administrou o Escritório de Informações Internacionais da CNT durante a Guerra Civil Espanhola. Com a derrota, retorna para França. Com a marcha nazista neste país, em 1942, foge para o México. No início da Revolução Cubana (1959), em 1960, Souchy é convidado por Fidel Castro para propagandear sua reforma agrária. Após realizar relatos contendo fortes críticas, seus panfletos são censurados e ele foge da ilha para a Alemanha em 1961. Trabalhou também para a Organização Internacional do Trabalho. Entre seus inúmeros escritos, a obra que mais se destaca é *Mit den Landarbeitern von Aragon* (1937), em inglês: *With the Peasants of Aragon*.

Thoreau, Henry David (1817–1862) — Depois de Thoreau ser preso por não pagar impostos ao governo dos EUA (forma que encontrou para boicotar um governo escravagista e que realizara uma guerra expansionista contra o México, entre 1846 e 1848), em *A desobediência civil* (1849) ele começa afirmando que: "'O melhor governo é o que governa menos' — aceito [...] esta divisa e gostaria de vê-la posta em prática [...]. Uma vez alcançada, ela finalmente equivale a esta outra, em que também acredito: 'O melhor governo é o que absolutamente não governa', e quando os homens estiverem preparados para ele, será o tipo de governo que terão".

Tocqueville, Alexis de (1805–1859) — Francês, Tocqueville é um dos ícones mais representativos do liberalismo político. Oriundo de uma família ultrarrealista, após os levantes de 1830 é enviado pelo governo francês aos EUA, em maio de 1831, para pesquisar o sistema carcerário deste país. Impressiona-se mais com os mecanismos de funcionamento político do que com os cárceres dos EUA. Volta à França em fevereiro de 1832. Seus relatos formam a obra *A democracia na América*, cujo volume I é do ano de 1835 e o volume II de 1840. Ainda de sua autoria, destacamos *Du Système Pénitentiaire aux États-Unis et de Son Application en France* (1833), *De La Démocratie* (1840) e *O antigo regime e a revolução* (1856).

Webb, Marta Beatrice (1858–1943) — Economista britânica socialista reformista, atuou na fundação da Fabian Society. De proposta coletivista, esta nasceu como um órgão de debate sobre o socialismo, criada em 1884, ligada à Social Democratic Federation (de 1881). Mais tarde, em 1900, a Fabian Society e alguns sindicatos fundaram o British Labour Party, permanecendo filiada até hoje, influenciando-o consideravelmente e contando com nomes como Tony Blair, primeiro-ministro britânico desde 1997. Extremamente criticado por Kropotkin, o coletivismo fabiano, na época de Webb, pregava a propriedade coletiva da economia, mas com a produção controlada pelo Estado.

Edição _ Felipe Corrêa Pedro e Jorge Sallum
Coedição _ Bruno Costa e Iuri Pereira
Capa e projeto gráfico _ Júlio Dui e Renan Costa Lima
Imagem de capa _ John Soares
Programação em LaTeX _ Marcelo Freitas
Revisão _ Felipe Corrêa Pedro e Ana Lima Cecílio
Assistência editorial _ Bruno Oliveira
Colofão _ Adverte-se aos curiosos que se imprimiu esta obra em nossas oficinas em 5 de abril de 2011, em papel off-set 90 g/m², composta em tipologia Minion Pro, em GNU/Linux (Gentoo, Sabayon e Ubuntu), com os softwares livres LaTeX, DeTeX, VIM, Evince, Pdftk, Aspell, SVN e TRAC.